BANQUET CONVENTION

호텔·외식

연회컨벤션 실무

최병호 · 설경진 · 이현재 공저

백산출판사

Preface

최근 라이프스타일의 변화와 경제적 수입의 증대는 사람들로 하여금 연회에 대한 관심과 연회행사의 필요성이 늘어나게 하였으며, 호텔 식음료 수입 중에서 연회가 차지하는 비중이 증대되고 있다.

그러나 대부분의 호텔학과 학생들은 대학교육을 받는 동안 호텔을 체험할 기회가 적고 산학실습의 기회마저 줄어들고 있어 오로지 교재만을 가지고 공부하는 것이 현실임을 누구도 부정할 수 없게 된 것이 현실이다.

이러한 교육적 현실을 이해하여 뜻있는 사람들이 그동안 틈틈이 모아둔 자료와 호텔근무기간 동안의 다양한 경험을 정리하여 이해하기 쉽고 간접적인 현장경험이 가능토록 내용을 정리하여 본서를 출간하게 되었다.

본서의 내용에 대한 이해를 더하고자 몇 가지 특징을 정리하여 본다.

첫째, 호텔연회 전 분야를 체계적이고 실무적으로 접근하였다.
둘째, 다양한 자료의 그림과 사진을 곁들여 이해를 높였다.
셋째, 저자가 다년간 각자의 현장경험을 토대로 내용을 정리하여 현장감을 최대한 살렸다.

아무쪼록 본서가 미래의 호텔리어를 꿈꾸는 학도들에게 도움이 되었으면 하는 소망과 함께, 교재가 완성되도록 자문과 자료협조를 아끼지 않은 많은 호텔근무자들에게 지면을 통해 감사의 말씀을 전하고, 또한 본서를 출간하도록 도와주신 백산출판사의 사장님과 편집부의 여러분께 깊은 감사의 말씀을 드린다.

저자 씀

Contents

Chapter *1

호텔연회의 일반적 이론

Chapter 1

호텔연회의 일반적 이론

제1절 연회의 개념 및 분류

1. 연회의 개념

연회(Banquet)는 다른 일반 레스토랑과는 다르게 식탁과 의자가 준비되어 있는 것이 아니라 일정한 장소에서 고객의 요구, 행사의 내용, 성격, 인원, 방법에 따라 각양각색의 행사를 수행하는 무에서 유를 창조하는 식음료부서 중의 하나이다. 이와 같은 특성이 있는 연회의 정의를 살펴보면 다음과 같다.

한국관광공사에서 발간한 관광용어사전에서는 연회장을 지칭하는 Banquet Room과 Function Room을 다음과 같이 정의하고 있다.

"방켓 룸이란 별도의 공간에서, 필요한 서비스 인원에 예정된 양의 다양한 식음료서비스를, 대금을 지불하는 그룹에게 제공하는 호텔서비스의 한 분야이다."

펑션 룸이란 취침시설은 없지만 모임, 전시, 오락 등으로 사용하는 그룹에 적합한 방이다. 'Function'은 본래 기능, 구조 등의 의미를 갖는 용어이지만 행사, 잔치, 모임, 축제, 축하연 등 다양한 행사를 뜻하는 의미도 가지고 있다.

따라서 최근에는 연회행사가 다중다양화되어 가는 추세에 따라 연회를 지칭하는 용어로 'Funtion'을 사용하는 호텔이 증가하고 있다.

한글학회 [우리말 큰사전]에는 연회를 잔치, 연찬, 피로연과 같은 의미로 설명하면서, '잔치'를 일컬어 "기쁜 일이 있을 때에 음식을 차리고 손님을 청하여 즐기는 일"이라고 설명하고 있으며, 웹스터 사전(Webster Dictionary)에는 Banquet의 어원은 프랑스 고어인 'Ban-chetto'이다. Banchetto는 당시에 '판사의 자리' 혹은 '연회'를 의미했었는데, 이 단어가 영어화되면서 지금의 Banquet이 되었다.

연회란 호텔 또는 식음료를 판매하는 시설을 갖춘 구별된 장소에서 2인 이상의 단체고객에게 식음료와 기타 부수적인 사항을 참가하여 모임 본연의 목적을 달성할 수 있도록 하여 주고 그 응분의 대가를 수수하는 일련의 행위를 말한다. 이때 2인 이상의 단체고객이란 동일한 목적을 위하여 참석하는 일행을 지칭하며, 구별된 장소란 별도로 준비된(타인과 장소적으로 구별된 곳) 위치를 말하며, 부수적 사항이란 고객이 식사 이외의 목적을 달성시키기 위한 행위 및 시설을 말한다. (자료 : 롯데·신라호텔 식음료 및 연회메뉴얼)

세계 최고급 7성급 버지 알 아랍 호텔 전경

연회서비스란 연회장 및 기타 집회장소에서 이루어지는 각종 연회를 운영함에 따르는 모든 서비스를 말한다. 본래 연회는 70~80년 전까지만 해도 가정에서 개최해 왔던 것이 근래에 와서 호텔이나 레스토랑 혹은 야외를 이용하여 연회를 개최하는 것이 일반화되고 있다.

연회서비스는 제공될 메뉴가 미리 정해지고 인원수와 음식량이 거의 확정되기 때문에 식음료부 전체 매출에 대한 원가가 절감될 뿐 아니라 제공되어질 인적 서비스의 표준화가 가능하여 높은 수준의 서비스 제공도 원활하게 할 수 있다.

또한 상품 임대에 있어서도 음식이나 음료, 임대(Rental) 등 단일상품에 의한 판매도 있지만, 이것들을 일괄해서 판매하는 경우가 대부분이므로 수입성도 높은 특성을 지니고 있다.

라스베가스 호텔 연회장 전경

이에 따라 현대의 모든 호텔에서는 대형 연회장을 구비하여 다양한 성격에 적합한 연회행사를 유치하고 있다. 특히 호텔의 기능이 점차 대중화되면서 지역의 집회장소 또는 가족단위의 모임, 국가적 행사, 국제적 행사를 치를 수 있는 장소로 인식받게 되었다.

연회는 호텔 내 연회장 중심의 상품과 호텔 외부의 출장연회, 그리고 연회기획 및 연출을 담당하는 이벤트를 그 영역으로 하고 있다. 연회장 중심의 상품은 회의, 연회, 전시회, 가족모임 등이 있으며, 출장연회는 출장연회 및 간이식당 등이 있으며, 기타 사항으로는 각종 연회물이나 결혼 대행업 등의 기획과 연출 등과 각종 이벤트가 상품화되어 연회부문의 영역이 확대될 것으로 예상되고 있다.

2. 연회의 분류

연회의 분류는 연회행사의 성격, 목적에 따라 매우 다양하므로 다음과 같이 분류할 수 있다.

칵테일 리셉션 전경

1) 기능별 분류

(1) 식사판매를 목적으로 한 것

Breakfast, Lunchoen, Dinner, Buffet, Cocktail Party, Tea Party

(2) 장소판매를 목적으로 한 것

Meeting, Conference, Exhibition, Fashion Show, Seminar, Press Meeting, 상품설명회, 강연회, 간담회, 연주회

2) 장소별 분류

(1) 호텔 내의 파티 : 연회장 파티(In House Party)

(2) 출장파티(Outside Catering Party)

(3) Garden Party

(4) Take Out

(5) Delivery Service

호텔 연회 파티 및 이벤트 전경

3) 목적별 분류

(1) 가족모임(Family Party) : 결혼식, 약혼식, 피로연, 회갑연, 고희연, 생일 파티, 돌잔치, 결혼기념 파티

(2) 회사행사 : 이·취임식 파티, 행사 파티, 개점기념 파티, 창립기념 파티, 신사옥 낙성파티, 사옥 이전 파티

(3) 학교관계 파티 : 입학 · 졸업 파티, 사은회, 동창회, 동문회

(4) 정부행사 · 국빈행사, 정부수립 기념연, 기타

칵테일 파티 전경

(5) 협회 : 국제회의, 심포지엄, 정기총회, 이사회

(6) 기타 : 신년 하례식, 망년회, 전시회, 국제회의, 기자회견, 간담회, 이벤트

4) 시간대별 분류

(1) Breakfast Party : 06:00~10:00

(2) Brunch Party : 10:00~12:00

(3) Lunch Party : 12:00~15:00

(4) Afternoon Tea Party : 15:00~17:00

(5) Dinner Party : 17:00~22:00

(6) Supper Party : 22:00~24:00

호텔 연회 특별행사 전경

3. 연회의 중요성

1) 연회의 중요성

라이프스타일의 변화, 경제적 수입의 증대는 사람들로 하여금 연회에 대한 관심과 연회행사의 필요성이 늘어나게 하였으며, 호텔에서 연회가 차지하는 비중

이 증대되고 있다. 이러한 현상은 호텔을 경영하는 입장에서는 상당히 고무적인 현상이다. 따라서 연회의 중요성은 다음과 같다.

첫째, 연회행사는 단순히 연회부문의 매출신장에 그치는 것이 아니라, 호텔의 객실 및 부대 영업부문의 매출증진에 상당한 기여를 하게 된다. 둘째, 연회영업의 일환으로 벌이는 기획행사는 호텔의 고객을 지속적으로 유지하게 하고 신규 고객을 개척하는데, 각종 문화행사는 호텔의 이미지 개선과 호텔산업의 대중화에 공헌한다. 넷째, 대규모 국제적인 행사 또는 국민들이 관심을 갖는 행사를 유치할 경우에는 자연적인 호텔 홍보효과를 기대할 수 있다.

연회의 성공 여부는 핵심요소인 서비스, 식음료의 질, 분위기 연출을 어떻게 관리하느냐에 의해서 좌우된다고 할 수 있다. 즉 합리적인 경영과 고객이 요구하는 고품질의 연회상품을 어떻게 구성하느냐 하는 측면의 끊임없는 연구를 통해 기업의 목표인 이윤극대을 달성할 수 있을 것이다. 고정된 시설에 변화를 추구하여 고급화와 개성화를 추구할 수 있는 연회상품 활성화를 강구해야 되며, 이 부문의 중요성을 하루 빨리 인식하고 문제점을 분석하여 연회부문의 개선방안과 활성화 방안을 모색해 나가야 될 것이다.

호텔 연회 갈라 디너 전경

2) 연회의 파급효과

연회장은 호텔 내의 하나의 영업장이지만 국제회의와 각종 대소연회를 개최하여 호텔 내의 객실판매와 각 영업장 매출증진으로 이어지는 파급효과가 매우 크다. 여기서는 호텔 내의 파급효과에 국한하지 않고 호텔 외부로의 파급효과까지 보다 광범위하게 설명하고자 한다.

(1) 경제적인 측면

연회장은 국제회의 및 대규모 연회 개최로 호텔산업의 중추적인 역할을 함으로써 숙박 및 음식에 대해 영향력이 크다. 이외에도 회의장의 임대료와 부수적인 장치료, 간판제작비, 동시통역시설 사용료, 시청각기자재 사용료, 꽃 장식비, 전신전화비, 일반관광객이 하지 않는 연회, 즉 환영 · 환송파티 등의 부가수입이 있다.

호텔 외에도 외부 관광환경과도 연결되어 관광 및 쇼핑 등에 영향이 있으며, 지역의 문화수준 향상과 고용의 효과, 세수입 확대도 기대할 수 있다. 특히 국제회의나 국제적인 인센티브그룹 유치는 계절적 변수가 적은 것으로 관광비수기 때 유치함으로써 관광객의 계절적 수요 편재를 해결할 수 있어 호텔뿐만 아니라 국가경제 및 지역개발을 통한 부와 자긍심을 불어넣어 줄 수 있다. 국제회의에 참석하는 관광객의 관광소비도 국가의 경제권에 유입되어 직업과 소득의 많은 부문이 직접적으로 창출되며 간접적인 경제적 유발효과도 가져온다. 즉 국제회의가 많아지면 경제의 다른 부문에서 수요가 발생되며 관광사업과 관련된 연관사업에 파급효과를 일으킨다.

(2) 사회적인 측면

호텔에서 국제회의 및 연회를 개최함으로써 관련분야의 국제화 내지는 질적 향상을 가져와 일반국민의 자부심 및 의식수준의 향상을 꾀하고 아울러 각종 시설물의 정비, 교통망 확충, 환경 및 조경개선, 고용증대, 관광쇼핑의 개발 등 광범위한 효과가 발생된다. 또 주최국으로서 임원피선 및 의사결정 참여 등의 개최국의 권위신장 및 이익옹호가 가능하다.

(3) 관광 · 문화적인 측면

연회장에서 이벤트를 통한 연회를 개최함으로써 관광객 유치와 더불어 한국의 문화, 풍습, 음악, 무용 등을 소개할 수 있는 관광·문화 변수로 등장하게 되었다. 특히 국제회의에 참석하는 참가자들에게 자국의 문화소개는 필수적으로 되어 있으며, 이것이 호텔연회장에서 문화행사로 치러지고 있다.

또 자국인들에게 연회장을 개방함으로써 국민들에게 문화공간 활용의 장으로 이용되고 있으며, 지역주민들을 위한 꽃꽂이 강습회, 테이블 매너 교실, 요리 교실, 차밍스쿨, 어린이 행사 등 다양한 행사를 함으로써 관광·문화적인 역할을 수행하고 있다.

(4) 호텔 경영 및 매출액 측면

호텔기업의 수입원은 객실, 식당, 연회 주장 그리고 임대수입이다. 연회장에서 국제행사를 유치하거나 인센티브연회, 세미나 및 학술대회를 유치할 경우는 객실에 투숙하게 되고, 각 식장 및 주장을 포함한 부대영업장을 이용하게 됨으로써 연회장의 매출부문 이외에 호텔의 수입에 미치는 영향이 지대하다. 그래서 호텔에서는 객실판매 다음으로 연회판매의 중요성을 인식하고 있다.

따라서 호텔이 연회매출액을 최대한 확보하기 위해서 연회부가가치상품을 개발하고, 호텔경영방침을 연회부문으로 확대하는 경우가 점차적으로 많아지고 있다.

제2절 연회의 특징 및 조직

1. 호텔연회의 특징

호텔연회의 특징은 일반 레스토랑 및 음료(Bar)와는 달리 또다른 독특한 특성을 포함하고 있다. 즉 연회장을 이용하는 고객들이 숙박과 기타 호텔서비스를 이용할 수도 있지만, 연회장의 상품측면에서는 호텔의 식음료 영업장과 엄연히 구분되고 있다. 연회고객은 클럽, 단체 및 기타 조직으로 구성된 그룹이며, 이렇게 구성된 그룹이 행사를 하고자 할 때 행사날짜에 앞서 몇 주 또는 며칠 전에 일자, 시간, 참석인원, 메뉴 그리고 각 행사에 요구되는 사항을 예약하게 되고, 이러한 활동은 개별 연회장에서 진행된다.

또 레스토랑이나 바에서 서비스를 제공하는 종사원과는 다르게 연회종사원은 다양한 기법의 서비스를 제공할 수 있어야 하며, 연회행사가 끝나면 다음 행사 진행을 위한 사전준비를 하여야 한다. 이와 같은 연회의 특징을 살펴보면 다음과 같다.

호텔연회 전경

1) 호텔의 대중화와 홍보효과

호텔에서 개최되는 연회는 불특정다수 고객을 표적시장으로 하고 있기 때문에 일부 한정된 사람들에 의해서만 이용이 가능한 다른 부문의 영업과는 달리 호텔의 대중화에 기여를 하게 된다. 또한 호텔에서 기획하여 개최되는 여러 종류의 문화행사는 호텔의 이미지를 개선하는 데 상당한 효과가 있다.

연회행사는 홍보효과면에 있어서도 개최되는 호텔이나 레스토랑을 선전하는 좋은 기회가 되므로, 참석자 모두에게 인상에 남는 서비스를 제공하여야 한다.

2) 외부 판매 및 매출액의 탄력성이 크다

출장연회는 호텔 내의 연회장이 아닌 다른 공간을 이용하여 연회매출을 올릴 수 있는 특징이 있다. 즉 호텔영업은 모든 부문이 시간과 공간의 제약을 받는 호텔내부 판매만 가능하나, 출장연회는 호텔 내의 연회장이라는 공간적 제약은 거의 받지 않고 팔매될 수 있는 특징이 있다.

출장연회는 연회매출의 무한성을 가능하게 하는 풍요한 요인이며, 출장연회만을 전문적으로 취급하는 외식산업체가 성업하고 있다는 것은 이 부문의 매력성을 입증하는 것이라고 볼 수 있을 것이다.

호텔영업은 객실, 식음료, 부대시설의 3요소가 주종을 이루고 있지만, 객실의 경우는 공간(객실수)이 한정되어 있고 고정자본의 투자비율이 식음료 부문보다 훨씬 높다. 반면 연회부문은 시장의 확장성이 매우 높으며 이들에 대한 적극적인 개발로 호텔이 추구하고자 하는 매출증진의 효과를 가져 올 수 있는 분야이다. 공간면에서 한정을 받기도 하지만 객실부문보다는 융통성이 크고 테이블배치 등으로 규모에 대한 연회장 공간조절이 가능하며, 호텔 내에서의 연회행사 외에 출장연회행사를 유치하여 장소의 제한 없이 무한정으로 매출증진을 가져올 수 있다.

3) 원가절감

확정된 메뉴를 대량으로 생산하여 판매하고, 창고에 저장되어 있는 재고식자재를 처분할 수 있기 때문에 원가가 절감되는 효과가 있다. 실제로 서울권 주요 호텔의 식음료부문 식재료 원가분석 현황에 의하면, 일반 레스토랑의 식재료 원가율보다 연회부문의 식재료 원가율이 5% 정도 낮게 나타나고 있다. 즉 원가가 적게 든다는 것은 그 만큼의 매출이익률을 높인다는 것이고, 결국은 호텔 식음료의 생산성을 향상시키는데 중요한 역 할을 하는 것이 된다.

한편, 확정된 메뉴를 대량으로 동시에 생산하고 서브하여 판매하기 때문에 노동생산성도 높일 수 있다.

4) 비수기 타개에 기여를 한다

호텔상품은 계절성 상품이라는 특성을 지니고 있다. 계절성 상품이란 성수기와 비수기가 형성되고 성수기와 비수기 간의 영업매출 격차가 큰 상품이라는 뜻이다.

따라서 모든 관광상품이 그렇듯이 호텔도 비수기 타개가 주요 과제라 하겠다.

호텔의 연회장은 비수기에 특별 이벤트(Special Event)를 기획하고 패키지상품을 개발하여 고객을 유인함으로써 호텔 비수기 타개에 상당한 기여를 하게 된다.

5) 일시에 대량으로 똑같은 메뉴와 동일한 서비스가 제공된다

연회부문의 영업은 각기 다른 요리와 음료를 서비스하는 레스토랑 부문의 영업과는 그 형태가 다르다. 연회장에서는 일시에 대량으로 똑같은 메뉴의 식음료가 서비스되고 동일한 서비스방식이 취해진다.

6) 타영업 부문의 매출증진에 파급효과가 크다

연회행사의 유치는 연회의 매출증진에만 기여하는 것이 아니다. 행사에 참석하는 고객들이 객실에 투숙하기도 하고, 호텔의 식음료 영업장을 이용하기도 하며, 각종 부대시설(사우나, 레저시설)을 이용하기도 한다. 또한 호텔 내의 쇼핑센터에서 필요한 물건을 구매하기도 한다. 이처럼 연회행사의 개최는 호텔 내의 많은 영업장의 매출증진에 기여하는 바가 크다.

뿐만 아니라 컨벤션 서비스, 운송, 관광문화 등 호텔의 외적 요인에 대한 파급효과도 상당히 크다.

7) 예약을 통하여 이루어지며 행사의 목적, 성격, 특징에 따라 장식은 다르다

각종 컨벤션이나 연회는 예약에 의해 접수되고 견적서에 의해 계약이 성립되며 견적서에 의해서만 준비 · 진행 · 마감되는 시간과 공간적인 제약을 받는다.

한편, 연회는 예약에 의해 개최되고, 그에 따라 준비가 이루어지기 때문에 주최자가 의도하는 대로 사전에 준비할 수 있다는 이점도 있다.

연회상품이 갖는 최대의 장점이 바로 이 점이다. 연회장을 행사의 목적과 종류에 적합하게 분위기를 연출할 수 있기 때문에 이 점은 어떤 레스토랑에서도 흉내 낼 수 없는 연회상품의 특성이다. 연회장의 분위기를 살리기 위해 연회장에 여러 가지 장치와 조명을 설치하게 되며 연회장의 세트도 연회의 성격과 기능에 따라 구별되어야 하고, 이에 따른 테이블의 배치도 그때그때 다르게 장식할 수 있다.

8) 연회는 행사가 있을 때만 영업이 이루어진다

일반 레스토랑은 개별고객이 수시로 이용하기 때문에 계속적으로 영업을 해 나가고 있으나, 연회는 예약에 의해서 개최되므로 레스토랑과 비교할 때 단속적이기 쉽다. 즉 연회는 행사예약이 있을 때만 영업이 이루어지게 된다. 따라서 비영업시간은 다음 행사준비에 활용할 수 있으며, 비영업시간에는 수도광열비를 절약할 수 있는 이점이 있다. 그러나 연회장 활용도를 높이기 위해서는 연회영업이 끊임없이 회전되어야 할 것이다.

9) 인력관리 및 관련부서 간 긴밀한 협조관계 유지

연회행사는 행사의 성격, 일정에 따라 근무인원수의 편차가 크므로 인력관리를 위한 직원 스케줄 관리가 철저하고 치밀하게 이루어져야 하며, 행사의 규모에 있어 대소를 불문하고 특정 개인이나 부서 단독으로 수행할 수는 없다. 행사를 유치하는 세일즈맨, 연회장의 예약담당자, 현장의 서비스담당자, 조리부서 및 음향, 조명 등의 기술담당부서, 기타 장식과 관련되는 꽃, 아이스 카빙 담당자 등 주차장, 시설부(전기 및 에어컨)에 이르기까지 모든 부서가 관련된다. 따라서 연회행사는 관련부서들 간의 공조를 통해서만이 서비스가 가능하다. 여기서 중요한 것은 연회와 직 · 간접적으로 관련되는 모든 부서 간에 체계적인 협조체제를 구축하는 것이다.

10) 연회상품의 가격은 가변적이다

연회행사도 일반 레스토랑처럼 메뉴에 의거한 규정된 가격에 의해 연회상품이 판매되지만, 연회예약 접수 시 고객의 예산과 행사의 특성 및 중요도에 따라 특별한 메뉴를 요구할 경우 그에 따른 특별요금(별도의 요금)이 적용될 수도 있는 특성이 있다.

결혼식 무대 디자인

2. 연회부서의 조직 및 구성

1) 연회부서의 조직

조직이란 특수목적을 달성하기 위해 각 조직구성원의 행위를 통제하는 유대관계의 구조라 정의할 수 있다. 즉 조직이란 다양한 업무가 이루어지는 틀이다. 이것은 기업과 기관 내의 업무분담, 책임과 권한이 부여되는 직위 그리고 이런 요소들 간의 관계이다. 조직은 관리의 영역 · 위임과 같은 개념을 호텔의 경영과 특성에 맞춰서 호텔의 기업목적을 달성하기 위해 만들어진 것이다.

연회부서는 대부분 식음료부에 속해져 있으며, 연회를 담당하는 부서를 케이터링(Catering Department)이라고 한다. 최근 호텔이 규모확대로 대기업화되자 호텔경영도 고도로 조직화되고 있는 추세이다. 즉 일반기업에서와 같은 경영이론을 호텔의 특성에 맞게 응용함으로써 본격적인 호텔경영조직을 편성하기에 이르렀다.

2) 연회부서 조직의 구성

호텔에서 연회부문(Banquet Department)은 케이터링(Catering or F & B) 부문에 소속된다. 따라서 대규모 호텔의 경우 식음료부서 지배인 아래에 있는 연회지배인이 연회부문을 관리하게 된다. 그러나 최근에는 연회부문의 조직이 호텔에 대한 기여도가 큰 만큼 식음료부서와는 별도로 독립된 조직체계를 갖추고 있는 호텔이 늘고 있는 추세이다.

호텔 연회부문조직은 크게 연회를 판매하는 부문과 연회장에서 직접 서비스하고 진행하는 부문, 그리고 판매와 서비스 간에 원활한 커뮤니케이션과 코디네이션 역할을 하는 연회예약부문으로 대별된다. 연회장 판매를 위한 판매부문과 고객을 직접 서비스하는 연회서비스부문을 연결해 주는 연회예약부문은 연회부문조직에서 중추적인 역할을 수행하고 있다. 이렇게 조직의 부문 간 직무분장과 조직라인이 다르면서 똑같은 업무수행을 하도록 하는 것은 호텔의 연회매출 극대화를 위한 것이며, 또한 서로의 통제기능으로서 조직을 굳건하게 해주고 있다. 그러나 호텔기업의 조직특성이 갖는 서비스 판매는 서로 다른 조직 간의 직무분장을 코디네이션과 커뮤니케이션 그리고 팀워크로 하나의 업무수행을 하도록 되어 있다. MPR(Marketing, Production, Supporting)이 하나가 되어 업무수행시 긴밀하게 움직여 가고 있는 것이다.

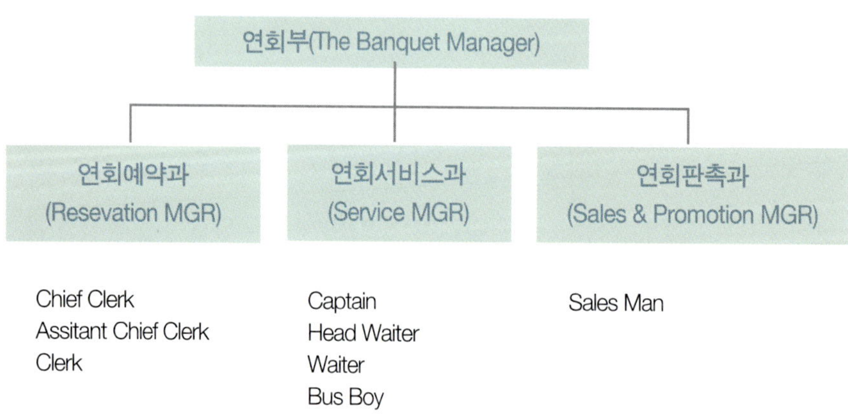

〈 일반적인 연회부서 조직도 〉

즉 연회부문의 조직기구를 대별하면 연회판촉(Banquet Sales & Promotion), 연회예약(Banquet Reservation), 연회서비스(Banquet Service) 부문으로 구분된다. 3대 부문은 호텔 내의 다른 부문과는 달리 고객에게 만족스런 연회서비스를 제공하기 위해 상호 긴밀히 공조하는 조직체계를 갖추고 있는 것이 특징이다. 실제로 연회서비스는 위 3대 부문 중 어느 한 부서만의 노력으로 이루어질 수는 없기 때문이다.

연회판촉부문에서는 점차 경쟁이 치열해지고 있는 연회시장에서의 연회행사량을 증대시키기 위한 다각적인 방안의 모색과 기존고객의 관리 및 신규 거래선의 개척을 주요 업무로 추진하고 있으며, 연회장의 규모 및 거래량 또는 매출액에 따른 적정수준의 연회판촉 지배인을 두고 있다. 연회예약부문은 연회행사의 제1선이다. 예약당시부터 철저하게 준비가 이루어져야만 원만한 서비스가 가능하기 때문이다. 연회예약부서의 업무는 크게 예약을 접수받는 리셉션업무와 행사 관계부서에 발주하는 업무 그리고 연회 코디네이션업무로 대별할 수 있다. 또한 연회행사와 관련된 여러 가지 사무처리도 이 부문에서 처리한다. 연회서비스부문은 연회장에서의 각종 연회서비스를 담당하는데, 그 주된 업무는 연회장을 정비하고 행사 등의 준비를 하며 요리, 음료를 고객에게 서비스하는 일이다. 연회서비스는 웨이터, 웨이트리스가 담당한다. 그런데 연회행사는 성수기와 비수기의 편차가 심하기 때문에 정규직 직원의 숫자는 적정선에서 확보하고, 행사가 있을 때만 사용하는 일용직을 확보해 두는 것이 현명한 조직관리 방법이다. 우리나라에서도 연회 서비스 요원을 알선해 주는 용역업체가 이미 오래 전에 등장해 있다.

이러한 연회서비스업무 이외에도 연회서비스에는 클로크(Clock)의 업무도 매우 중요하다. 그러므로 연회장의 클로크는 일반적으로 연회서비스부문에 소속되어 있다. 또한 대규모 호텔에서는 연회부문에 소속하는 연회전문 도어맨을 두고 있는 경우도 있으며, 연회전문 조명기사, 연회소속 연회장식전문가 등을 두고 있는 경우도 있다.

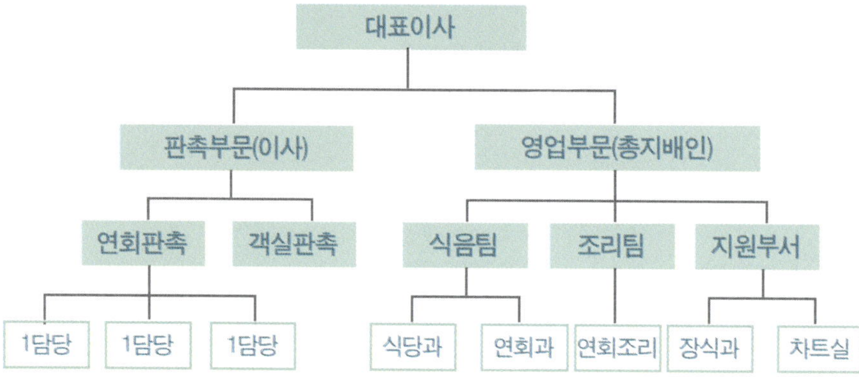

〈 L호텔 연회판촉 및 연회부서 조직도 〉

3. 연회서비스의 절차

1) 연회업무의 흐름

연회는 연회의 내용, 예약 수주자의 입장, 연회의 볼륨(Volume), 예약을 수주하는 과정에 따라서 내용이 많이 달라진다. 다음은 연회를 예약에서부터 진행되는 과정을 순서대로 나열하였다.

2) 연회업무 세부절차

(1) 연회수주

연회수주는 행사가 클수록 각 호텔 간의 경쟁이 치열해진다. 한정된 수요 안에서 연회장 수가 증가하고 있으므로, 장래에는 한층 더 치열해질 것이 예상된다.

연회예약부서의 리셉션 클럭(Reception Clerk)은 판촉원과 긴밀하게 협력하여 능력과 기능을 다해야 한다.

고객으로부터 주문을 기다리는 시대는 지났다. 적극적인 판촉의 반복을 항시 유념해야 하겠으며, 언제까지나 당 호텔이 타 호텔보다 뛰어나다고 생각하고 있어서는 고객을 증대·확보한다거나 유치한다는 것이 불가능하다.

예약접수
Control Chart 확인
Control Chart Booking
견적서 및 메뉴 작성
Event Order 작성
Event Order 의 검토 및 관계부서 배포
(조리, 현장, Bar, 수납, 음향)
외부업무 발주
(현수막, 현판, 밴드, 장치, 조명, 차량
무대제작, 사회, 연회 등)
사내 업무협조 발주
(꽃, 조명, 음향, Ice Carving Sign
Board, 사진, 주차 등)
연회예약과 준비사항
(안내판, 메뉴, 명찰, 좌석배치도, 방명록 등)
행사전일 작성 및 확인 사항
(관계부서 확인 및 외부업무 발주 확인
Event Order 재확인, 고객확인, 연회일람표,
VIP리포트 작성 등)
연회준비 및 행사준비
• 현장 : 현장준비
• 조리 : 음식준비
• 음향실 : 조명, 음향 관계 준비
• Bar : 음료준비
• 장식 : 꽃장식, 얼음장식, 무대장식
• 고객 영접 : 연회서비스와 행사 진행
계산서 작성
• B.Q Cashier가 작성
• 행사주최측 계산서 확인/서명/결재
• 음향실 : 조명, 음향 관계 준비
고객관리
• Guest History Card 작성
• 감사편지 작성 및 설문지 발송
• 답방인사
• Event Order 보존
• 매출확인
• 외부발주물의 계산서 정리

〈 연회업무의 흐름 〉

연회의 경쟁은 고객을 뺏는 작전이다. 경쟁에 이기기 위해서는 맛있는 요리, 호화스런 연회장 시설, 최고의 서비스를 제공하는 것만으로 충분하다고는 말할 수 없다. 이 3요소는 물론 불가분의 것이지만 연회예약접수원(Reception Clerk)으로서 무엇보다 중요한 것은 고객으로부터 인간적으로 신뢰 받는 것이다. "어느 호텔 누구에게 부탁해 놓으면 절대로 문제가 없다", "그는 인간으로서 신뢰할 수 있는 사람이고 또 매력적이다."라고 고객이 느낄 수 있도록 언행이 일치하는 것이 중요하다. 요리, 음료, 연회장, 장식에 관한 기술상의 지식은 어느 정도의 시간이 흐르면 누구든지 몸에 익숙해진다. 때문에 연회예약접수원에게 있어 보다 중요한 것은 자기성장을 위해 끊임없이 노력하고 신뢰받을 수 있는 인간미를 지니도록 힘써야 한다.

구체적인 연회수주과정은 다음과 같은 방법에 의해 이루어진다.

① 판촉사원에 의한 것
② 고객의 내방에 의한 것
③ 편지, 전보에 의한 것
④ 전화, 텔렉스(Telex), 팩시밀리(Fax)에 의한 것

예약접수 전경

상기사항 모든 경우에 일시 인원수 행사의 내용에 합치되는 연회장인가 아닌가를 예약원장(Control Chart)에 의해 확인하고, 연회장을 예약하는 일에서 연회예약 수주업무의 제1보가 시작된다.

연회장을 예약함과 동시에 행사의뢰서(Event Order)를 작성하고 구체적인 내용에 들어간다. 여기에서 특히 주의해야 할 것은 전화에 의한 경우이다. 전화에 의한 응대는 서로의 얼굴이 안보이므로 상담자의 말씨로 미루어 보아 모든 것을 판단해야 한다. 그러므로 전화에 의한 예약접수 교섭시에는 호텔로 찾아온 고객과 연접하는 것 이상으로 주의가 필요하다. 또 외부활동은 원칙적으로 판촉요원에게 의뢰하고 있으나, 리셉션 클럭은 정보의 제공, 서류, 도면, 자료의 작성 등에 있어 판촉요원과 일체가 되어 서로 협력하고 신규행사 수주에 노력해야 한다.

(2) 연회의 구성

한 번 행사가 수주되면 그 행사의 내용을 주최자와 교섭하여 어떻게 구성해 나가는가는 담당하는 리셉션 클럭의 능력에 달려 있다.

각각의 연회는 수많은 구성요소로 이루어져 있다. 그 모든 요소에 따라 교섭하는 것이므로 리셉션 클럭은 요리, 음료, 좌석배치, 장식, 여흥, 마이크 장치, 무대 등에 관한 전문적인 지식을 몸에 익히지 않으면 안 된다. 또한 단편적인 지식보다는 고객에게 신뢰감을 주는 것이 여기에서도 변함없이 중요한 사항이다.

교섭 도중에 고객이 질문했을 때 "잠깐 기다려 주십시오. 알아보고 오겠습니다." 라고 하면 리셉션 클럭에 대한 신뢰성이 떨어질 뿐만 아니라 고객에게 해당 호텔에 대한 불신감을 갖게 하는 원인이 된다.

Function에 관한 모든 사항에 대해 자신을 가지고 응답할 수 있도록 충분히 대비해야 한다. 연회행사는 요금이 정해진 상품만을 판매하는 것이 아니기 때문에 리셉션 클럭의 역할이 대단히 크다고 볼 수 있으며, 따라서 리셉션 클럭은 그때그때 연회 또는 파티라는 상품을 창조하여 판매한다는 각오로 임해야 한다. 요리 하나를 예로 들어봐도 그 종류, 내용, 요금에는 상당한 차이가 있다. 또한 음료, 장식, 여흥도 상품으로서 빠뜨릴 수 없다.

교섭할 때는 판촉정신을 최대한 발휘해야 한다. 여기서 한 가지 주의해야 할 점은 연회행사의 고객에 대한 인식이다. 연회행사에 참석하는 고객은 주최자와 초청객으로 나뉘어지는데, 구체적인 교섭을 해서 비용을 지불하는 것은 주최자이기 때문에 아무래도 주최자 중심이 되어 초청객의 입장은 덜 고려하는 경우가 있다. 그러나 리셉션 클럭은 항시 연회행사에 초청되는 고객들도 면밀히 검토해서 연회의 구성을 구상해야 한다. 초청객의 연령, 성별, 직업, 취향 등을 생각하지 않고 주최자가 독단으로 자기의 의도대로만 연회행사를 결정한다면 연회를 성공시키지 못한다. 따라서 주최자에게 연회부문의 전문가로서의 조언을 하여 초청객이 만족할 수 있는 연회를 구성하게 하는 것이 궁극적으로는 주최자로부터 신뢰를 얻는 일이 된다.

초청객은 또다른 미래의 주최자가 되며, 주최자가 되어 연회행사장을 선택할 경우 양·불량의 판단은 자기가 참석했던 연회의 경험으로 판단한다는 것을 명심해야 된다.

그리고 주최자와 상담하여 결정한 내용은 접수상담서에 기록하여 차질이 없도록 해야 하며, 이러한 사항은 행사의뢰서(Event Order)로 작성하여 행사를 계약 내용대로 진행함으로써 고객이 만족하는 행사가 되도록 만전을 기해야 된다.

(3) 발주

연회부서의 업무 가운데 가장 큰 특징 중 하나는 사내 관련부문과 사외 관계업자와의 분업에 의한 협업이다. 예로써 어느 회사의 창립 50주년 파티의 구성에 관련하는 부문과 업자를 기술하면, 양식은 조리부, 덴뿌라 등은 일본식 조리, 음료는 연회바(Bar), 테이블 꽃장식은 꽃가게, 얼음조각은 Ice Carving 담당자, 여흥은 음악사무소, 음향관계는 방송실, 실내 · 외 플래카드는 광고사, 환기 및 냉온방은 공조실, 주차장의 수배는 총무부 등 여러 부문의 협업에 의해서 하나의 연회행사가 완성되는 것을 알 수 있다.

이러한 관련부서와 외부업자에 대한 발주연락이 정확하게 행하여져서 연회 시작시간 전까지는 틀림없이 설치 · 서비스되어져야 비로소 하나의 연회가 구성되는 것이고, 연락 불충분 또는 관계부문의 착오 등으로 한 가지라도 연회시간까지 완전한 형태를 이루지 못하면 그 연회는 잘못된 것으로 끝나고, 결국은 고객을 잃게 되는 것이다. 그 때문에 중추적 역할을 하는 것이 연회 예약부서이다. 주최자와의 타협에 의해 결정된 명세의 발주, 수배, 확인은 주의해서 이행하지 않으면 안 된다.

(4) 연회서비스의 사전결정

연회서비스의 또다른 특징은 모든 것을 사전에 고객과 상의해서 결정해두는 것이다. 이것은 고객이 자리에 앉고 나서 요리와 음료의 교섭에 들어가는 레스토랑 서비스와 비교하여 이해하면 된다. 연회행사 2~3일 전까지는 리셉션 클럭이 연회행사에 대한 모든 상세한 것에 관하여 주최자와 긴밀히 협조하여 결정한다.

EVENT ORDER

PosBillNo : 581800

판촉과 승인자 : 승인일자 : AccNo :A068800 2001.4.11 오후 6:08:16
예약과 승인자 : YOON-SUN-CHEL 승인일자 : 2001/01/09

행사명 : 서울대AMP46기신년회
Date : 2001/01/12(금) Time : 18:30 ~ 22:00()
RsvNumber : 2000120573 Room : SAPPHIRE BALLROOM#34 행사종류: NT / DN / AS
Organizer : 이승준회장 Tel : 011 336 7226 예약금 : 0 예약금번호:
인원 E: 90 G: 80 DC : Tax,지불: Yes , CC Sales Man : 윤 순철

- ▶ TABLE SHAPE : 12R/TX8명,(한조에 2 테이블씩),STAGE(20cm)-7.2cmX3.6cm
- ▶ EQUIPMENT : 디럭스
- ▶ INDIVIDUAL MENU : YES(테이블당3매)
- ▶ OTHERS : 접수대,방명록,의자커버,NO.STAND-12개,(A,B,C,D,E,F-각2장씩)
- ▶ SIGN BOARD : 서울대AMP46기신년회
- ▶ BAR : YES
- ▶ FULL : F.S.C
- ▶ WINE : 마주앙-메독
- ▶ FLORIST : 12EA-SINGLE VASE
- ▶ ART ROOM : ONE ICE CARVING/서울대AMP46기신년회
- ▶ CAKE : 3단케익/서울대AMP46기신년회
- ▶ REMARK_1 : 18:30-칵테일시작

품 목	단 가	수량	금 액	비 고
Food	45,000	80	3,600,000	
CANAPE	100,000	2	200,000	
CAKE	0	1	0	85.000-COMP
FLOWER	0	1	0	60.000-COMP
밴드	0	1	0	BRING
사회자(일반인)	0	1	0	BRING
ICE CARVING(大)-일반행사	0	1	0	F.O.C
BANNER	100,000	1	100,000	

품 목	
L-4-1 KING CRAB ON TOMATO FONDUE WITH LOBSTER BISQUE CREAM OF ASPARAGUS SOUP LEMON SHERBETON GRANITE GRILLED CHATEAUBRIAND WITH GREEN PEPPERCORN SAUCE BAKED POTATO AND HOT FRESH GARDEN SALAD WITH FRENCH DRESSING SEASONAL FRESH FRUITS COFFEE OR TEA PETITS FOURS	VEGETABLE

(5) 연회장 준비

연회 당일이 되면 연회서비스 담당지배인 또는 캡틴(Captain)은 연회예약 부서에서 인계받은 내용에 의거하여 연회장을 준비하고 음식을 서브하며 주체자와 긴밀한 연락을 취하면서 연회를 진행시킨다. 연회는 노력과 시간의 50% 이상이 행사장을 배열하고 준비하는 데 소비하게 된다.

연회행사 Table Setting

Table Setting 예시

연회지배인 및 캡틴은 행사의뢰서(Event Order)에 기재된 자세한 사항 전부가 연회시작시간까지 완료되도록 지휘 · 감독하고 행사에 미비한 점이 없는지 철저히 체크한다.

(6) 연회서비스

고객이 입장하기 전에 웨이터를 집합시켜 당일에 개최되는 연회의 목적, 내용, 서비스방법에 관해 충분히 설명하여 행사가 원만히 진행될 수 있도록 한다. 지배인과 캡틴은 연회가 시작되면 요리, 음료가 틀림없이 제공되고 있는가, 진행은 예정시간대로 진행되고 있는가, 실내의 온도는 적당한가 등의 이와 같은 사항이 만족스럽게 연회가 진행될 수 있도록 체크해 보아야 한다.

연회가 종료되면 음료, 추가요리 등 청구사항을 연회수납원에게 통보하여 청구서를 작성해 받는다.

연회행사 전 미팅 모습

행사시작 전 대기 모습

후불, 즉 외상일 경우에는 청구서, 지불조건을 확인하여 청구서에 명기함과 동시에 주최자에게 요리, 음료서비스에 대한 평가를 물어봐서 다시 이용해 주도록 부탁한다. 또 중 · 소 연회에서는 음료의 종류 및 내용을 주최자가 찾아와서 결정할 경우가 많으므로, 특히 와인(Wine)의 판매에 관해서는 지배인 및 캡틴은 항상 의욕적인 판매활동을 행해야 한다.

연회장 행사준비 전경

전술한 바와 같이 연회가 커지면 커질수록 그 내용은 복잡해지고 관계부문 및 업자의 수도 많아진다. 그러므로 연회예약부서로부터 연회서비스부서로의 인계가 중요한 문제가 된다. 웨이터에게 지시하여 연회장을 준비하고 요리와 음료서비스에 대한 책임을 지게 되어 있는 지배인 및 캡틴은 연회의 목적, 연회의 내용, 연회장소, 메뉴 등 모든 사항에 대해 숙지하고 있어야만 한다.

그리고 모든 정보를 지배인 및 캡틴에게 전달하고 완전한 인계를 하는 것은 연회예약부서의 중요한 임무 중의 하나이다. 인계는 행사의뢰서에 의해 행하며 연회의 목적과 규모에 따라 행사의뢰서만으로는 불충분한 경우도 있으므로, 필요에 따라서는 연회서비스부서 및 관련부서와 회의를 통해 서비스가 완벽하게 진행될 수 있도록 하는 것이 중요하다.

(7) 계산서(Bill)의 작성

연회예약부서에서는 세부교섭시에 지불조건에 관한 사항을 주최측과 타협하여 결정하고 행사의뢰서에 기입해 두지만 연회당일에 계산서를 작성하는 것은 연회캐셔의 업무이다. 연회계산서는 호텔 내 타부서의 것과 비교해 볼 때 내용이 복잡하고 금액도 크므로 캐셔는 연회당일에 Event Order를 바탕으로 계산서를 작성하고 음료, 추가요리 등 연회종료 후에 결정될 요금만을 가산하면 되도록 해둔다. 그리고 지배인 또는 캡틴은 연회종료 후 즉시 연회캐셔에게 통보하여 계산서를 작성하도록 하고, Billing이 다 되면 주최측에게 제출한다. 현금일 경우에는 수납하여 캐셔에게 접수하고, 후불일 경우에는 확인서명(Sign)을 받아 여신부에 제출하여 주최측에 송부할 수 있도록 한다.

(8) 사후관리

연회업무 가운데 가장 중요한 것이 지속적인 고객의 창조와 유지이다. 하나의 연회가 종료했을 때부터 다음 파티의 접수준비가 시작된다고 생각해야 한다. 따라서 행사종료 후 먼저 감사의 전화(After Care Call) 또는 감사의 편지를 통해 연회에 모두가 만족했는지 아닌지를 확인하고 차후의 이용을 부탁해야 한다. 물론 불만족 사항이 있었다면 정중히 사과하고, 다시는 그와 같은 실수가 반복되지 않도록 대책을 강구해야 한다. 그런 의미에서 고객이 과거에 어떤 종류의 연회를 하였고, 매출액은 어느 정도였으며, 취향은 어떠하였는지 등에 대한 제반사항에 대한 자료를 관리하는 고객관리카드가 필요하다.

연회가 종료되면 Event Order를 고객회사, 개인파일별로 구분하여 철해 두고 이를 충분히 활용할 수 있도록 해야 된다. 현대에는 거의 대부분의 호텔에서 컴퓨터 시스템을 도입하여 모든 자료를 입력해 놓고 고객관리에 만전을 기하고 있다.

제3절 연회의 시설 및 연회장의 종류

1. 연회의 시설

생산의 과정은 일반적으로 사람 · 기계 및 자재의 배치로 부가가치가 부여되어 이루어지는데, 여기에는 세 가지 요소의 효율성을 강조한 경영의 개념이 도입되게 된다. 즉 경영 ×(노동력×기계×자재) = 생산이라고 할 때, 원활한 생산성을 위한 연회장의 설계는 장소제공의 중요한 위치를 차지하게 된다. 여기에는 다음의 5가지 사항을 준수하여 시설배치에 따른 설계를 시도하여야 한다.

1. 최단거리 운반의 원칙(Principle of Minimum Distance Moved)
2. 유통 원활의 · 원칙(Principle Flow)
3. 종합적인 조화의 원칙(Principle of Over-all Integration)
4. 안전도와 만족감의 원칙(Principle of Satisfaction and Safety)
5. 융통성의 원칙(Principle of Flexibility)

따라서 연회장 배치는 회의운영에 적합한 장소로 예상참가수를 고려한 최적 수용인원을 고려하여, 회의실 크기와 수준, 이동상의 문제점을 분석하고 적절한 여흥 프로그램 가능성을 배려하여야 한다.

2. 연회장의 종류

연회장의 종류는 연회의 성격, 테이블의 배치에 따라 수용할 수 있는 인원의 범위에 의해 설명되어진다.

일반적으로 연회장의 종류는 대연회장, 중 · 소규모의 연회장으로 나누어지며, 대형 호텔 연회장의 경우 파티션을 활용하여 1, 2, 3, 4구역으로 나눌 수 있다. 연회장의 규격은 길이(Width), 폭(Depth), 높이(Height)의 길이, 평수 등으로 표기하여, 수용력은 연회행사의 성격에 따른 테이블 배치에 따라 결정되는데, 일반적으로 라운드형 스타일, 세미나 스타일, 칵테일 리셉션 스타일, 극장식 스타일 등으로 구분된다.

스탠딩 뷔페 준비

1) 대연회장

연회장 종류에 따른 규격과 수용력은 각 호텔마다 다르다. 대연회장의 도면과 규격 및 수용력의 표를 서울 I호텔의 실례로 살펴보면 다음과 같다.

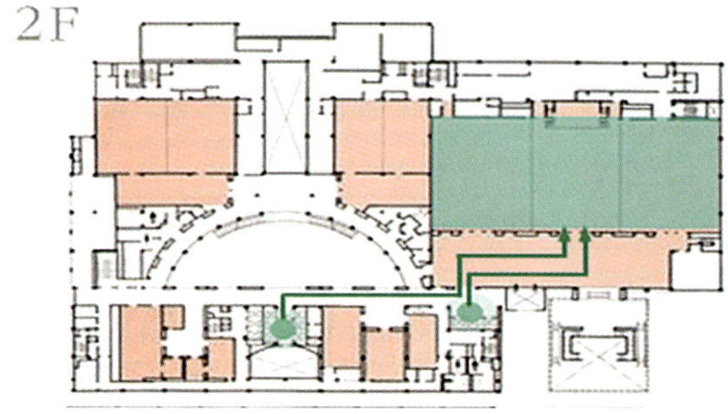

I호텔 대연회장

그랜드 볼룸	단위 : (m²)(m)
Floor	2F
극장	1,800
클래스룸	1,000
리셉션	1,800
ㅁ자형	1,000
보드룸	-
넓이	1,290
크기	51.2×25.2
높이	7.5
문크기	-

2) 중·소연회장

중·소연회장의 도면과 규격 및 수용력의 표를 서울 I호텔의 실례로 살펴보면 다음과 같다.

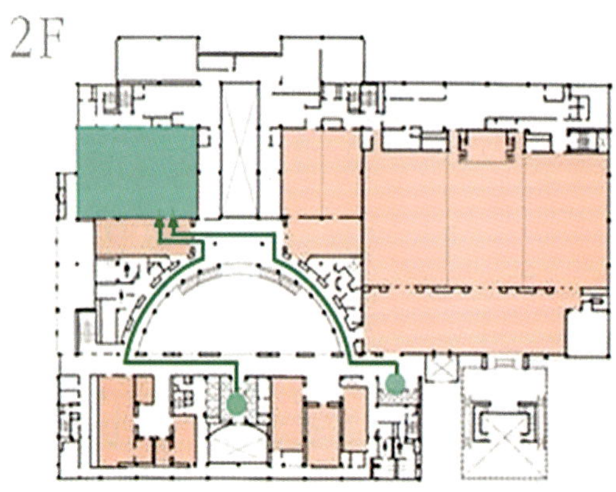

I호텔 중연회장

오키드 룸	단위 : (m²)(m)
Floor	2F
극장	300
클래스룸	260
리셉션	300
ㅁ자형	260
보드룸	-
넓이	407
크기	25.1×16.2
높이	2.95
문크기	-

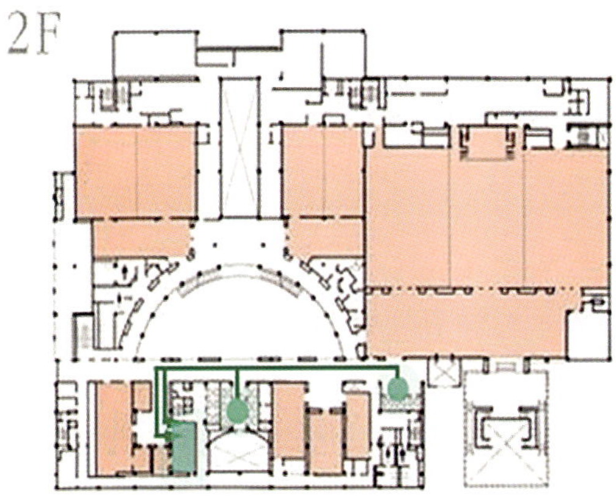

I 호텔 소연회장

아젤리아룸	단위 : (m²)(m)
Floor	2F
극장	35
클래스룸	30
리셉션	35
ㅁ자형	30
보드룸	20
넓이	62
크기	9.15×5
높이	2.8
문크기	1.7×2.2

제4절 연회행사의 종류

1. 내부 연회행사

내부 연회행사는 호텔 내에서 이루어지는 연회행사로 다음과 같다.

1) 테이블서비스 연회

연회행사 중 가장 격식을 갖춘 의식적인 연회로서 그 비용도 높을 뿐만 아니라 사교상 어떤 중요한 목적이 있을 때 개최하므로 주로 라운드테이블 스타일로 많이 한다. 초대장을 보낼 때 연회의 취지와 주빈의 성명을 기재한다. 초대장에 복장에 대해 명시를 해야 하며, 명시가 없으면 정장을 하는 것이며 유럽쪽에서의 디너 파티는 으레 예복을 입고 참석한다.

연회가 결정되면 식순이 정해지고, 참석자가 많을 경우는 연회장 입구에 테이블 플랜(배치도)을 놓아 참석자의 혼란을 피하도록 한다.

디너파티는 초청자와 주빈이 입구쪽에 일렬로 서서 손님을 마중하는 소위 영접라인을 이루어 손님을 맞이한다. 식사 전 리셉션 칵테일 시간을 가지며 호스트가 주빈 부인을 에스코트하여 선도하고, 다음으로 주빈이 호스테스를 좌석순에 따라 착석시킨다.

요리의 코스가 예정대로 진행되어 디저트 코스가 들어오면 주빈은 일어서서 간략하게 인사말을 한다.

식탁의 배열은 식당이나 연회장의 넓이와 참석자 수, 그리고 연회의 목적에 따라 여러 가지 스타일로 연출한다. 식순에 있어서는 파티의 성격, 사회적 지위나 연령층에 따라 상·하가 구별되며, 여기에 따라 주최자와 충분한 협의 후에 결정한다. 외국인의 경우 부인을 위주로 하며 대체로 그 방의 입구에서 가장 먼 내측이 상석이 된다.

대연회장 전경

2) 칵테일 파티

칵테일 파티는 여러 가지 주류와 음료를 주제로 하고 오르되브르(Hors d'oeuvre)를 곁들이면서 스탠딩(Standing) 형식으로 행해지는 연회를 말한다. 칵

테일 파티는 칵테일만을 목적으로 하는 파티와 공식연회행사 이전에 리셉션 차원에서 연회행사 시작 전 30분 정도 하는 리셉션도 칵테일 파티의 한 부문이다. 칵테일 파티를 준비함에 있어서는 예산과 정확한 초대인원, 메뉴의 구성, 파티의 성격 등을 파악하여 놓지 않으면 안 된다. 특히 소요되는 주류를 얼마나 준비하여야 하는가 하는 문제는 매우 중요하다. 보통 한 사람당 3잔 정도 마시는 것으로 추정하는 것이 합리적이다.

칵테일 파티는 자유로이 이동하면서 자연스럽게 담소할 수 있고, 또한 참석자의 복장이나 시간도 별로 제약받지 않기 때문에 현대인에게 더욱 편리한 사교모임 파티이다.

고객들이 파티장 입구에서 주최자와 인사를 나눈 다음 입장을 하고, 연회장 내에 차려져 있는 바에서 좋아하는 칵테일이나 음료를 주문하여 받은 다음 격의없이 손님들과 어울리게 된다.

서비스맨들이 특히 주의해야 할 점은 준비되어 있는 음식과 음료가 소비되어야 하므로 셀프서비스 형식이더라도 고객 사이를 자주 다니면서 재주문을 받도록 해야 한다. 특히 여성고객들은 오르되브르 테이블에 자주 가지 않는 경향이 많으므로 오르되브르 트레이(Tray)를 들고 고객 사이를 다니면서 서비스하는 것을 잊지 말아야 한다.

3) 뷔페 파티

뷔페 파티는 크게 스탠딩 뷔페, 착석 뷔페, 조식 뷔페로 나눌 수 있다. 서비스에 있어서 특별한 기술은 요하지 않으나 음료서비스, 고객이 사용한 접시 회수하는 등 좀더 고객에게 밀착된 서비스를 할 수 있도록 신경을 써야 한다.

호텔 연회 뷔페 전경

(1) 스탠딩 뷔페

칵테일 파티에 식사 요소가 가미된 요리중심의 식단이 작성되며, 여기에 스탠딩 뷔페는 양식요리가 추가되고 중식, 일식, 한식요리 등이 함께 곁들여지는 것이 특징이다. 고객들의 취향에 맞는 요리와 음료를 마음껏 즐길 수 있도록 때로는 연회장 벽쪽으로 의자를 배열하여 고객의 편의를 제공하기도 한다. 이 뷔페는 "한 손에 접시를 들고 다른 한 손은 포크를 들고 서서하는 식사"라고 정의할 수 있는데, 이러한 식사형태는 공간이 비좁아서 테이블과 의자를 배치할 수 없는 경우에 적합하다. Standing Buffet는 Sitting Buffet에 비해 비교적 형식에 구애를 덜 받지만 적게 먹는 경향이 있다. 이유는 식탁없이 먹기가 쉽지 않기 때문이다.

(2) 착석 뷔페

Sitting Buffet Party는 음식이 식당에 차려지기 때문에 저녁식사나 점심식사와는 또다른 주요리 식사이다.

이 음식을 차리려면 먼저 고객이 전부 앉을 만한 테이블과 의자를 갖추어야 하고 접시와 잔(Glass Ware), 포크, 나이프, 냅킨(Napkin) 등을 구비하여 테이블에 정돈하여 놓아야 한다. 그리고 요리장이 갖은 솜씨로 장식하고 잘 갖추어 꾸며낸 요리를 뷔페테이블에 가지런히 진열해 놓는다. 이때 고객의 접시에 음식을 효과적으로 서브할 수 있는 주방요원을 확보해 두는 것이 좋다. 이유는 고객이 직접 Carving을 요하는 음식을 썰어 담기가 힘들기 때문이다.

그리고 뷔페가 시작되면 음식 전부를 내다 차리기보다는 일정량만을 내놓고 음식을 자주 바꾸어 주는 것이 효과적이다.

(3) 조식 뷔페(Breakfast Buffet)

많은 호텔들이 고객을 위하여 여러 가지 다양한 음식으로써 조식뷔페를 준비하고 있다. 대개 버터와 치즈류, 잼, 마멀레이드와 함께 빵과 롤빵류를 내고, 또 찬 육류와 어류를 석쇠에 구워 뜨겁게 접시에 담아내기도 하며, 과일주스, 신선한 과일과 스튜(Stew)한 과일 그리고 곡류음식을 낸다.

호텔의 조식 뷔페는 대개 셀프서비스방식을 채택하는 경우가 많은데, 이것은 고객들이 식도락을 즐기도록 하기 위함보다는 서비스의 신속성과 종업원의 인원절감, 즉 경제적 이유 때문이다. 이러한 조식 뷔페는 사실 진정한 의미의 뷔페는 아니다.

4) 티 파티(Tea Party)

일반적으로 브레이크타임에 간단하게 개최되는 파티를 말한다. 칵테일 파티와 마찬가지로 입식(Standing Style)으로 커피와 티를 겸한 음료와 과일, 샌드위치, 디저트류, 케이크류, 쿠키류 등을 곁들인다.

Tea Setting 이미지

보통 회의시, 좌담회, 간담회, 발표회 등에서 많이 하는 파티의 일종이다.

또한 자녀중심의 입학 · 졸업 축하, 여성의 동창회, 생일파티 등의 간단한 파티에 적용되며, 음식은 1인분씩 다과를 세트로 차려놓고 자유스럽게 먹는다.

연회행사는 크게 식음료 연회와 임대 연회로 구분할 수 있다. 식음료 연회도 식탁에 앉아서 식음료의 제공순서에 의해 서비스를 받는 테이블서비스 연회와 셀프서비스 형태의 연회로 나눌 수 있다. 일반적으로 이루어지고 있는 연회의 종류와 행사 진행방법에 대해 알아본다.

5) Rental

식사 위주의 행사가 아니라 호텔측에서 볼 때 연회장 및 기타 설비의 임대에 의미를 두는 연회를 말한다.

(1) 전시회(Exhibition)

무역, 산업, 교육분야 혹은 상품 및 서비스판매업자들의 대규모 상품진열을 의미하는 것으로서 회의를 수반하는 경우도 있다. 전시회, Trade Show라고도 하며 유럽에서는 주로 Trade Fare라는 용어를 사용한다.

전시회 전경

(2) 국제회의(Convention)

회의분야에서 가장 일반적으로 쓰이는 용어로서 정보전달을 주목적으로 하는 정기집회에 많이 사용된다.

과거에는 각 기구나 단체에서 개최되는 연차총회의 의미로 쓰였으나, 요즘은 총회, 휴회기간 중 개최되는 각종 소규모 회의, 위원회 등을 포괄적으로 의미하는 용어로 사용된다.

(3) 기타

문화, 예술, 공연, 체육행사, 패션쇼 등

2. 외부 연회행사

1) 출장연회(Outside Catering)

사실상 근래에 들어 연회사업 중 가장 각광을 받고 크게 번창하는 분야가 바로 출장연회이다.

연회주최자 자신의 건물에서 연회를 베풀고자 하는 의도는 여러 가지가 있을 수 있다. 그리고 연회의 형태 스타일 규모도 다양하다. 소규모로서 가장 간단한 출장연회의 한 형태는 개인 가정집의 조촐한 오찬 및 만찬 파티이고, 가장 많이 베풀어지는 형태는 결혼피로연, 생신연, 기타 가족모임이다.

기업체에서는 귀빈의 방문이라든가 무역박람회 혹은 특별행사에 참석하는 손님들의 접대를 위해 출장연회팀을 부르기도 한다. 특히 근래에 들어 사무실 이전이라든가 사옥기공 및 준공에는 출장연회가 필수적인 요소처럼 되었다. 따라서 이러한 파티를 요청받으면 연회담당자가 제일 먼저 해야 할 일은 주방요원과 함께 파티현장에 가보는 일이다. 주방의 규모와 활용가능한 설비에 따라 어떤 음식을 제공해야 할 것인지를 결정해야 하기 때문에 주최자와 메뉴를 상의하기 이전에 방문하여 둘러보아야 한다.

2) 옥외 파티(Entertaining in the Open Air)

날로 증가하는 현대생활에 대한 압박감과 전원생활에 대한 향수로 인해 사람들은 파티를 옥외에서 즐기는 방법을 찾게 되었다. 옥외 식사에는 기본 재료를 사용해서 만든 간단하고 맛있는 음식이 적합하다.

옥외 파티

옥외 파티는 크게 다음과 같이 3 종류로 나누어진다.

(1) 바비큐 파티(Barbecues Party)

바비큐란 낱말은 옥외용 숯불구이 석쇠를 말하지만, 옥외파티란 의미로 사용될 때는 조리방법을 꼭 석쇠구이(Grilling)에 한정시키지 않고 정원에 영구적으로 설치해 놓는 영구석쇠틀, 휴대용 그릴, 캠프파이어 등을 의미하기도 한다. 바비큐에 쓰이는 붙은 건조시킨 단단한 나무(떡갈나무, 벚나무 등)나 잘라낸 포도나무 혹은 숯을 이용하며, 어떤 연료를 사용하든지 조리는 타오르는 불길(A Blazing Fire) 위에서가 아니고 뜨거운 잔화(The Hot Embers) 위에서 해야 한다.

바비큐의 메뉴로는 보통 촙류(Chops), 스테이크류, 소시지, 치킨 그리고 송어 등 단단한 살을 가진 생선 등이 이상적인 품목이다.

마리네이드 종류는 그릴링하기 전에 숯불에 마리네이드액이 떨어지지 않도록 물기를 털어 주고 조심스럽게 굽도록 할 것이며, 굽는 동안 마리네이드와 함께 버터를 발라 준다. 음식은 석쇠에 굽기 전에 미리 간을 하고 기름을 발라 준다. 송어나 단단한 살을 가진 생선은 알루미늄호일에 싸서 바비큐조리를 한다. 가니쉬와 야채 등은 메인 품목과 함께 싸면 한 번에 전 코스를 그릴링할 수 있다. 감자도 낱개로 알루미늄박지로 포장해서 숯불 가까이 두든지, 숯불 안에 넣든지 해서 구워 낼 수 있다.

돼지나 어린 양의 전체 몸통구이는 영국에서 자선사업기금을 조성하는데, 가장 널리 쓰이는 방법이다. 그리고 때때로 개인파티에서도 이루어질 수 있는데, 불 주위에 둘러 모여 서서 숯불구이를 들면서 나무로 만든 큰 컵에 거품이 이는 맥주를 들이키는 기쁨을 서로 즐길 수 있기 때문이다.

(2) 피크닉 파티(Picnic Party)

피크닉 파티는 말 그대로 야외에서 하는 가족단위, 회사동료, 동기동창모임 등 다양하게 이루어지는 파티를 말한다.

피크닉에서의 음식은 바비큐의 조리방법으로 서브될 수 있는 것이 많다. 통나무나 담요를 깔고 앉아 있는 손님들에게 바구니의 찬 음식을 서브한다. 그리고 더운 날씨에는 음식을 좀 선선하게 해서 제공해야 한다.

조류나 육류의 찬 로스트류(Cold Roast Joint), 파이류, 무스(Mousses)류, 젤리와 가토우(Gateaux), 그리고 과일류, 차가운 수프, 과일샐러드, 빵류, 소금과 후추, 드레싱류 등이 대상품목이다.

아이스 박스(Insulated Boxes)에 음식을 넣으면 몇 시간 정도는 차게 유지할 수 있다. 그리고 차가운 과일샐러드는 물에 한 번 씻어서 플라스틱 등에 담아 운반할 수 있다. 혼합샐러드(Compounds Salad) 의 경우 그릇에 담아 갈 수도 있지만, 토마토나 오이와 같이 물기가 있는 식품은 통째로 가져가서 목적지에 가서 첨가해 주는 것이 좋다. 포도주, 맥주, 생수 등은 아이스 박스에 담아서 가지고 와서 계곡의 차가운 물이나 웅덩이 물에 담가두면 시원한 상태를 유지할 수 있다.

(3) 가든 파티(Garden Party)

쾌적하고 좋은 날씨를 택하여 정원이나 경치 좋은 야외에서 하는 파티를 말한다. 날씨가 변덕스럽기로 소문나 있는 영국이지만 가든 파티는 거의 관습처럼 베풀어지는데, 영국 황실의 버킹검 궁전 뜰에서 베풀어지는 로얄가든파티(Royal Garden Party)는 세계적으로 유명하다. 그러나 부드럽게 깔린 넓고 푸른 잔디밭과 아름다운 정원을 갖추고 있는 장소라면 어떤 곳이든 가든 파티를 행할 수 있다.

가든 파티는 다른 형식의 옥외 파티와는 달리 평상복이 아니라 정장차림으로 참석해야 하는 모임이다. 음식은 한 입 크기로 준비하고 맛좋은 품목으로 훌륭한 접시(Delicate China) 위에 예쁘게 담아내도록 한다. 가든 파티는 보통 오후에 열리므로 관습적으로는 차(Tea)와 함께 싱싱한 레몬이나 오렌지 스쿼시를 음료로 준비한다. 그러나 음료류에는 알코올이 함유되어 있지 않는 다른 차가운 음료도 포함시켜서 서브할 수 있다.

식탁이나 의자를 준비하지 않으므로, 파티는 스탠딩 뷔페에 해당되고 식단은 뷔페에 준하여 낸다. 그러나 가든 파티에서는 싱싱한 과일샐러드와 아이스크림류도 낼 수 있으며, 딸기나 크림이 제철일 때는 거의 필수적으로 낸다.

그리고 테이블이나 의자를 준비하지 않으므로 파티는 Finger Buffet에 해당되고 메뉴는 뷔페에 준한다.

3. 특별 연회

1) 모금 파티(Party for Fund Raising)

미국에서는 각종 선거가 가까워 오면 특정후보를 위하여 자금을 모금하기 위한 파티가 성행하는데, 모임은 정당주최, 개인주최 등 다양하다. 회비는 일인당 100달러에서 1,000달러까지 있다.

민간단체에서도 화이트 엘리펀트 세일(White Elephant Sale)이라고 부르는 파티가 있다. 화이트 엘리펀트는 흰코끼리라는 뜻으로, 이를 유지하는데는 비용이 많이 드는 무용의 거물이라는 뜻이다. 예를 들면, 불용품 교환회(Burdensome Possession)가 이러한 모임의 일종이다. 술을 못 먹는 사람에게 위스키는 불용품이나, 다른 사람에게는 가치있는 사장품인 것이다. 헌 원피스, 커피, 액세서리 등

이러한 것들을 지참케 하여 일정한 장소에 모아 경매에 붙여서 그 판매대금을 모금하게 된다.

우리나라도 정치인들의 모금운동이 법적으로 보장되면서 특정후보를 지원하기 위한 이런 류의 각종 모금행사가 선거시기와 관계없이 개최되고 있다.

2) 포트럭 디너(Potluck Dinner)

미국인들이 고안해 낸 파티이다. 각자 일품식사를 지참하여 한 자리에 모여 다 같이 즐기는 파티로서 이를 코퍼레이팅 파티(Cooperating Party)라고도 한다. 주최자가 음식목록을 작성하여 주요리 샐러드, 디저트로 분류하고 참석자들에게 그 중 한 가지의 음식을 지참케 하는 것이다. 이러한 파티는 주로 개인적 성격의 파티로서 서로의 친분이 두터운 것을 전제로 한다.

3) 샤워 파티(Shower Party)

친한 친구끼리 모여 축하를 받을 사람을 중심으로 하여 그에 대한 환담으로 화제를 유도하며 참석자 전원이 선물을 하는 파티이다. 즉 우정이 비와 같이 쏟아진다는 '샤워(Shower)'의 의미를 붙인 것이다. 이는 극히 개인적인 파티이며 주로 여성들이 중심이 되어 개최하는 파티이다. 신혼부부에게 필요한 선물을 하는 결혼축하연(Bridal Shower), 출산을 축하하는 출산축하연(Baby Shower) 등이 있다.

4) 무도회와 댄스 파티(Ball and Dance)

우리나라에서는 무도회와 댄스 파티를 분명히 구별하지 않는 경향이 있으나, 영어로는 이 양자를 구별한다. 즉 댄스 파티는 보통 일정한 연령에 달한 사람을 초대하지만, 무도회는 연령에 관계없이 호스티스

와 친한 관계의 인사는 누구나 초대될 수 있다는 차이이다. 다시 말하면 무도회는 댄스 파티보다 많은 사람이 출석하는 큰 규모의 댄스 파티를 의미한다. 남성은 소개받은 여성에게 한 번은 댄스를 프로포즈하는 것이 에티켓이다.

Chapter * 2

연회예약

Chapter 2
연회예약

제1절 연회예약의 개요

1. 연회예약의 개념 및 중요성

연회예약부서는 주로 내방고객, 전화문의고객의 행사를 예약하고 판촉부에서의 행사를 코디네이션하며 행사에 대한 진행을 맡는다. 또한 행사결과를 분석하여 고객창출과 고객관리를 위해서 새로운 판촉물까지도 기획하는 등 그 호텔만의 노하우를 개발하기도 한다.

호텔 내에서 이루어지는 국제행사, 연회, 가족모임 등을 유치하고 적극 진행시키는데, 이때 국제행사나 연회 등의 행사들이 개최됨으로써 각 관련분야의 국제화 내지 자질향상은 물론 일반 국민의 자부심을 향상시키고, 관광진흥, 문화선양, 환경개선, 의식수준의 향상 등을 꾀할 수 있다, 호텔 내에서는 호텔홍보는 물론 객실, 영업장, 기타 부대시설의 매출액 증진에 크게 기여하고 있다.

연회예약이 성립되기 위해서는 예약담당자와 판촉사원의 밀접한 협력체제를 갖추고 능률과 기능을 최대한 발휘하여 최대의 효율성을 올린다. 이제는 고객으로부터 예약을 기다리는 시대는 지났으며 적극적인 판촉활동을 통하여 고객 확보에 최선의 노력을 기울여야 한다. 또한 경쟁업체보다 우위를 유지하려면 최고의 시설, 특징 있는 요리, 품위있는 장식, 최고의 서비스를 지속적으로 개발하여 예약시에 또 하나의 상품으로 판매될 수 있도록 유도한다. 아울러 친절한 예절과 정중한 언어구사, 상품지식 등을 습득하여 고객에게 좋은 이미지를 심어주는 것도 이러한 발전을 뒷받침하여 주는 큰 요인이다.

따라서 예약접수에서부터 효율적이고 전문적인 예약절차 및 행사진행은 고객으로부터 요청되는 다양한 요구를 만족시키고 고객창출에 큰 영향을 미치므로 전문적이고 고도의 숙련된 기술을 가진 예약의 운영이 중요하다고 볼 수 있다.

2. 연회예약 상담조직과 직무

1) 연회예약지배인(Banquet Reservation Manager)

연회행사를 판매하며, 각종 연회행사를 조정하는 업무를 담당한다. 구체적인 직무와 책임은 다음과 같다.

① 연회예약과 관련된 모든 업무에 대한 총괄적인 지휘, 감독, 관리업무
② 타부서와의 협조관계 유지
③ 연회예약의 메뉴 및 가격결정
④ 연회예약 접수에 따른 관리 및 결재
⑤ 연회예약대장의 관리
⑥ 직원의 교육 및 근태관리 등 기타 업무

2) 연회예약 부지배인(Banquet Reservation As-Manager)

연회행사의 판매, 판매조정과 문의에 대한 부대표자로서 연회과장과 연회예약지배인의 업무보조, 행사예약장부의 컨트롤 및 모든 연회장 준비에 대한 조정을 담당한다. 구체적인 업무와 직무는 다음과 같다.

① 연회회의 및 객실예약에 관한 개인 또는 단체고객을 면담
② 연회장 내의 모든 연회, 회의, 기타 행사를 고객과 직접 계획
③ 시청각 기자재를 준비하고 관리
④ 컨벤션, 회의 연회관련 서류를 유지 관리한다.
⑤ 예약접수내용 관리 및 연회예약대장을 기록 유지한다.
⑥ 견적서 및 행사명령서를 작성한다.
⑦ 행사장 배치도 기록 관리
⑧ 연회장에 대한 각종 안내문을 준비하고 점검 확인
⑨ 통합판매촉진을 위해 연회과장, 연회예약지배인, 판촉부서와 긴밀한 협력 유지

3) 연회예약 코디네이터(Banquet Reservation Coordinator)

코디네이터는 창조성이 있고 부가가치가 높은 상품을 통해서 고객의 기대에 부응하고 호텔이미지를 높임과 동시에 매출향상에 이바지하는 역할을 담당한다. 주요 직무는 다음과 같다.

① 고객의 연회예약에 대하여 상담하거나 예약을 받는다.

② 방문고객이 연회장을 보기를 원하면 안내를 한다.
③ 연회행사지시서를 발행한다.
④ 연회서비스의 준비상황과 관련부서의 업무협조를 체크한다.
⑤ 플라워, 배너, 사진 비디오 또는 DVD제작, 엔터테인먼트, 이벤트 등에 대하여 고객의 요구사항이 있을 경우에 외부업자에게 연락하고 체크한다.

4) 연회예약사무원(Banquet Reservation Clerk)

① 고객의 연회예약에 대하여 상담하거나 예약을 받는다.
② 연회행사지시서를 발행한다.
③ 연회행사지시서를 복사하여 관련부서에 배부한다.
④ 연회예약 장부를 정리한다.
⑤ 월간 연회행사 예정표를 정리하고, 일정 주기로 업데이트하여 보고하고 관련부서에 배포한다.
⑥ 각종 서식을 체크하고 불출한다.
⑦ 행사가 끝난 고객의 자료를 파일화한다.

제2절 예약상담부서의 주요업무

1. 연회예약접수 절차

고객이 연회에 대하여 문의를 하거나 예약을 하고자 할 때에는 일정한 절차에 의하여 하나씩 협의해 나가야 하는데, 그 절차 및 내용은 다음과 같다.

절 차	내 용
1. 예약문의	예약문의는 여러 형태가 있으나, 주로 전화에 의하거나 직접 내방하는 경우가 많음
2. 날짜 및 시간 상담	예약장부를 열람하여 날짜와 시간이 가능한지 여부 확인
3. 펑션 룸(Function Room)	행사성격에 따른 적절한 펑션 룸 배정
4. 식수인원의 협의	지불보증(Guarantee)과 예상인원의 적용 행사 성격에 따른 최저 인원 결정 등
5. 음료 협의	테이블 서비스, 바 서비스, 콜케이지 요금 등
6. 배너와 사인보드 협의	유료 및 무료 여부 등
7. 기타 옵션 협의	꽃장식과 데코레이션, 아이스 카빙, 사진 및 비디오, DVD제작, 케이크, 엔터테인먼트 등
8. 견적서 협의	소요 세부비용 작성 후 고객 전달
9. 예약확인서 작성	예약관련 주요 내용 작성하여 고객 전달

2. 연회예약부서의 실무

1) 예약접수방법

예약접수방법은 다음과 같이 크게 5가지로 구별된다.

① 판촉에 의한 예약접수

② 고객의 내방에 의한 예약접수

③ 전화에 의한 예약접수

④ 편지, 팩스에 의한 예약접수

⑤ 직원의 소개에 의한 예약접수

이상과 같은 방법으로 연회행사는 접수된다.

HOTEL LOTTE
POSTAL ADDRESS: C.P.O. BOX 3500 K23533-5, K28313
CABLE: HOTELOTTE
TEL. 771-1000 SEOUL KOREA

宴會豫約接受明細書
AGREEMENT

擔當	課長	部長

行事場 ROOM: 行事形式 TYPE OF FUNCTION:

行事日 DATE: 行事時間 TIME:

行事名 NAME OF FUNCTION: 主催 ORGANIZATION:

住所 BILLING ADDRESS: 電話 TEL: OFFICE: HOME:

豫約者 ORGANIZER: 職位: POSITION: 豫約金 DEPOSIT ₩: NO.:

豫想人員 EXPECTED: 支拂保證人員: GUARANTEED: 支拂關係 PAYMENT CASH: CHARGE:

單價 UNIT PRICE:			
FOOD:	CANAPE:	CAKE:	S.C.:
RENTAL:	FLOWER:	BANNER:	
TRANSPT'N:	PHOTO:	ICE CARV:	
MUSICIAN:			V.A.T.:

SERVICE MANAGER

1. TABLE SHAPE

T	I	U		O

2. EQUIPMENT:
3. INDIVIDUAL MENU:
4. OTHERS:

SIGN BOARD

BAR

FULL	SOFT	CONSUMPTION		LIMITED
CORK-AGE	BRINGING-IN BTL.		CHARGE	F.O.C.
WINE	W			
	R			
	CH			

FLORIST

ART ROOM

DUTY MGR.

MENU

OTHERS
- RECEPTION TABLE/SIGN BOOK
- TELEPHONE
- NAME TAG/PLACE CARD
- SEATING ARRANGEMENT
- FLAG
- BLACK-BOARD/WHITE
- FLIP CHART
- PODIUM

SOUND ROOM
- MIC.-TABLE
  STAND
  WIRELESS
- PROJECTOR-O.H.P./SLIDE/VIDEO
- POINTER-ELECTRIC/LASER
- SCREEN
- RECORD PLAYER
- S.T.S.
- HEAD-PHONE SET

* 上記 協議된 事項은 兩側의 事前合議없이 一方的으로 바꿀 수 없습니다.
* 上記 行事에 發生된 金額은 호텔로부터 請求書를 받는대로 모든 金額을 支拂하여야 하며 30日이 超過하면 法的 節次에 準합니다.
* 上記 協議된 事項外에 追加나 變動할 事項이 있으면 곧 저희 宴會部로 通報하여 주십시오.

If you have any changes or addition, Please call me immediately.

2001 . . .

豫約者署名 GUEST SIGNATURE:

宴會擔當者署名 PREPARED BY:

宴會豫約室 : 317-7211~4
(Banquet Reservation Office)
宴會販促部 : 759-7530
(Sales & Marketing Office)

2) 예약접수시 유의사항

연회행사 예약접수는 매우 중요한 업무이기 때문에, 다음과 같은 사항을 유의하여 구체적으로 정확하게 육하 원칙에 의거하여 접수하여야 한다.

① WHO: 행사 주최자, 예약자, 전화번호, 주소, 참석자(특히 VIP) 등
② WHEN: 예약일자, 행사일자, 시간, 끝나는 시간 등
③ WHERE: 행사장 명(펑션 룸 명), 출장연회의 경우 장소와 위치를 구체적으로 확인
④ WHAT: 행사내용(매우 중요), 행사의 성격 및 내용을 정확히 파악해서 차질이 없도록 함
⑤ WHY: What과 동일
⑥ HOW: 지불조건(현금지불, 회사지불, 카드지불), 악성 거래처 및 거래중지 업체 체크

제3절 예약부서의 기타업무

1. 일정관리

내일의 행사에 대한 점검이 끝나면 Reservation Clerk은 내일 행사에 대한 연회일람표를 작성하도록 한다. 연회일람표는 해당 날짜에 연회행사를 전부 기록하며 사내 전부서(필요한 부서)에 배부토록 하여 행사진행상황을 파악할 수 있도록 한다. 행사내용, 시간, 장소, 인원수, 요리명 등을 기록하고 특이사항이나 VIP 사항 등을 기록한다.

2. 실적집계

연회실적집계의 중요한 사항은 'Sales Manu별 개인실적'과 '월별 분석'이 있

다. 판촉사원별 개인실적은 매주 금요일에 집계해서 각 판촉사원의 실적을 고과하도록 하며 월별 매출액은 매월 말에 분석하도록 한다.

매일 아침에 전일행사한 견적을 근거자료로 하여 실적을 뽑도록 한다. 특히 월별 매출분석은 연회예약과의 행사기록이며, 실적자료로서 중요한 역할을 한다. 실적자료는 기밀사항에 해당하므로 외부 유출이 되지 않도록 유의한다.

3. 고객관리

연회고객관리는 행사가 끝나면 감사편지, 감사전화를 주로 하며, 중요 고객일 경우 생일에는 생일카드와 함께 축하케이크를 증정하고 주최자나 중요 거래선의 임원들에게는 호텔의 무료숙박권, 뷔페이용권 등을 제공하고 있다.

가족모임행사 유치시 매출액에 따른 고객 인센티브제도를 도입하여 샴페인, 뷔페 이용권, 객실 숙박권, 항공권 등을 주는 특혜를 만들고 있으며, 사내 연회유치를 위하여 직원이 연회를 유치하였을 때 매출액에 따른 인센티브제도로 사내외적으로 고객유치 및 관리를 하고 있다.

따라서 고객관계유지를 철저히 함으로써 고객들에게 좋은 조건으로 연회를 개최할 수 있는 기회제공이 되는 것이다. 새로운 고객관리시스템을 개발하여 고객창출과 고객 리피트화를 할 수 있도록 하는 기획이 필요하다.

Chapter * 3

연회메뉴의 기획관리

Chapter 3
연회메뉴의 기획관리

제1절 연회메뉴의 개요

1. 연회메뉴의 관리

1) 메뉴의 정의

메뉴(Menu)의 어원은 라틴어의 'Minutus', 영어의 'Minute'에서 온 말로 '작다(Small)' 또는 작은 목록(Small List)이란 뜻을 가지고 있으며, '상세히 기록한다' 또는 '아주 작은 표'라는 의미를 지니고 있다. 메뉴는 고객에게 식사로 제공되는 요리의 품목, 명칭, 형태, 순서 등을 체계적으로 알기 쉽게 설명해 놓은 상세한 목록표, 차림표 또는 식단이라고 부르기도 한다. 불어의 'Carte', 영어의 'Bill of Fair', 스페인어의 'Minuta' 또는 'Carte', 일본어의 헌립표, 중국어의 채단자 등으로 불리어지고 있으나, Menu란 말은 세계 공용어로 통일되고 있다.

메뉴의 정의는 Webster's Dictionary에 의하면 'A detailed list of the food served at a meal'로, The Oxford Dictionary에서는 'A detailed list of the dishes to be served at a banquet of meal'로 표기되었다. 즉 메뉴란 고객이 알기 쉽고 보기 쉽도록 식

음료의 품목과 가격을 작성, 기록한 것으로, 연회행사 주최자(고객)가 행사목적을 달성하기 위하여 행사성격에 맞는 식음료를 주문하는데 필요한 정보를 제공한다.

2) 연회메뉴의 중요성과 역할

메뉴는 내용에 따라서 호텔식음료 및 외식업체의 식재료 구매, 저장, 재고관리, 음식의 조리, 서비스나 작업계획 등 여러 가지 형태로 메뉴관리 내용이 결정되고, 결과적으로 식음료 원가에 커다란 영향을 미치게 된다. 또한 메뉴의 종류와 내용 및 범위에 따라서 주방에 필요한 시설설비와 배치가 결정된다. 즉 메뉴는 식재료의 구매, 저장, 식음료 관리, 주방 및 홀의 시설과 설비, 그리고 장비의 배치 등 공간배분뿐 아니라 모든 분야에 영향을 미치게 된다. 따라서 메뉴는 종합적인 식음료 운영의 다른 요소들이 검토된 후에 관리되는 문제라기보다는 모든 문제를 야기시키기 전단계의 시발점이 되는 것처럼 중요성을 갖고 있다. 즉 호텔식음료 및 외식업체의 경영은 기본적으로 메뉴의 계획으로부터 시작한다고 할 수 있다.

메뉴는 단순히 품목과 가격을 설정하기 위해 존재하거나 또는 가격을 기록하는데 그치는 것이 아니라, 고객과 영업장을 연결하는 판매촉진의 모체가 된다. 특히 서비스 접객원은 고객과 메뉴와의 중간에서 의사소통의 수단으로서 뿐만 아니라 마케팅 도구로서의 역할도 담당하고 있다.

연회장의 연회행사를 위한 메뉴는 주최자나 유치측 모두가 결정적인 비용지출의 표본이 되기 때문에 매우 중요하다.

첫째, 연회장의 연회메뉴는 호텔연회의 상징적인 의미를 갖고 있다. 연회메뉴의 역할은 호텔기업의 경영순환(Management Cycle)이 경영정책(Policy) → 판매계획(Planning) → 분석(Analysis) → 판매(Ssales)로 순환되듯이 메뉴도 이 역할을 해나가는 것이다. 즉 연회메뉴는 호텔 연회장의 얼굴임과 동시에 수준을 결정한다.

둘째, 메뉴의 사명은 호텔 레스토랑 및 외식기업의 근원(Menu making is

business making)이라 할 수 있다.

식당상품의 모든 판매는 메뉴로부터 시작되며, 만약 메뉴가 없는 식당은 그 판매가 어떻게 형성될 것인가? 따라서 메뉴는 무언의 판매자(Menu is the best silent salesman), 혹은 메뉴는 가장 중요한 판매수단(Menu is the most important sales tool)이라고 표현되리만큼 그 사명이 중요한 것이다. 메뉴가 가지고 있는 최대의 매력은 고객으로 하여금 식욕의 감정을 직접 불러일으키게 하여 판매의 효과를 준다는 것이다. 그리하여 메뉴는 고객이 무엇을 어떻게 원하는가를 파악하여 욕구충족과 만족, 감동을 줄 수 있어야 한다.

셋째, 연회메뉴는 연회행사의 개성과 분위기를 창출해내는 도구인 것이다. 즉 연회의 메뉴는 해당 연회 행사의 성격과 특성이 잘 조화를 이루어야 한다.

넷째, 연회메뉴는 연회장의 실내장식과 큰 조화를 이루어야 한다. 메뉴의 색채 선택, 문자구성, 메뉴판 디자인 등이 균형을 이루어야 한다.

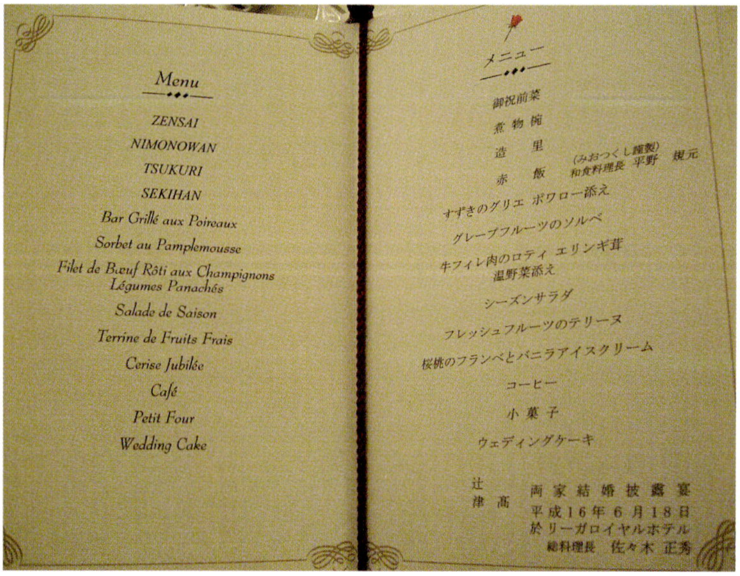

2. 연회메뉴기획관리

1) 메뉴기획의 의의

메뉴기획이란 "호텔 레스토랑 및 외식업이 각 업장별 특성과 영업방법에 따라 고객에게 제공되어지는 음식의 종류와 가격을 결정하여 고객에게 판매될 수 있도록 준비하는 일련의 기획과정"을 말한다.

메뉴에 대한 기획과정을 살펴볼 때, 대부분의 메뉴기획자나 주방관리 담당자들은 새로운 메뉴를 개발하기보다는 기존의 메뉴를 수정 · 보완하거나 또는 모방하여 사용하는 한계성을 내포하고 있었던 것이 사실이다. 메뉴기획에 있어서 치밀한 기획과 관리과정이 식음료 경영관리에 있어서 중요함에도 불구하고, 대부분의 호텔 레스토랑이나 외식산업을 운영하는 경영자는 경영방식과 메뉴에 대한 기존의 틀을 벗어나지 못하고 독창성이 없는 메뉴를 그대로 사용하고 있기 때문에 많은 문제점을 안고 있는 것이다.

따라서 연회고객을 위한 메뉴는 고객들의 필요와 욕구를 충족시키고 주방조직의 목표를 달성할 수 있도록 기획과 관리과정이 동시에 이루어져야 한다.

호텔 레스토랑 및 외식산업의 경영자와 메뉴기획의 전문가 · 주방책임자 · 경영자 · 고객이 동시에 충족할 수 있는 기획안을 채택했을 때, 진정한 의미의 메뉴기획이 이루어졌다고 할 수 있다. 식음료를 담당하는 주방의 책임자는 메뉴기획과 관리를 통해 고객의 욕구와 필요조건, 경쟁, 제비용 등의 제반문제를 수용해야 한다. 그리고 최소의 비용으로 고객에게 최대의 만족을 제공하면서 최대의 이윤을 창출을 해야 하는 원가관리자로서 새로운 역할을 담당해야 한다.

메뉴기획의 전제조건은 다음과 같다.

① 주방의 위치과 규모
② 주방시설 및 인원의 내용
③ 식재료의 저장시설과 규모
④ 주방공간의 배분과 동선

⑤ 업장의 서비스 형태
⑥ 주요 고객의 시장규모
⑦ 업장의 시설 및 규모

2) 메뉴기획과정과 관리활동

메뉴기획과정은 호텔 레스토랑 및 외식산업 경영의 시작으로 볼 수 있으며, 메뉴의 합리적인 관리활동은 식음료 사업의 경영성과를 평가하는 방법이기도 하다. 그렇기 때문에 기획과정과 관리활동은 경영혁신의 중추적인 핵이라 부를 만큼 매우 중요하므로 일정한 공간시스템에서 동시에 이루어져야 한다. 메뉴기획과정에서는 모방이 아닌 새로운 메뉴 아이템의 설정과 그 메뉴에 대한 조리방법(Recipe)의 작성 및 평가를 해야 한다. 그리고 각 영업장의 사업성을 검토하여 목표시장을 구체적으로 차별화되도록 설정 및 시험을 시행하고 상품화 과정을 거치면서 관리활동을 전개해야 한다.

메뉴기획과정과 관리활동의 기본적인 절차는 다음과 같다.

첫째, 메뉴기획과정에서 매우 중요한 부분이 바로 모방이 아닌 새로운 메뉴 아이템을 설정하거나 창출하는 것이다.

둘째, 조리법 작성과 평가를 통해 공정한 메뉴를 선택하는 것이다.

셋째, 선정된 사업 아이템에 맞는 메뉴가 시장에 진출했을 때 얼마나 사업성을 갖고 고객에게 어필할 것인가를 파악해야 한다.

넷째, 메뉴선택에 따른 소비자에 대한 표적시장을 설정하여 소비자의 트렌드를 잘 반영하여야 한다.

다섯째, 지금까지의 모든 과정을 확인하고 상품화단계로 들어가는 과정이다.

3) 메뉴기획시 고려사항

메뉴기획(Menu Planning)은 근본적으로 호텔 레스토랑이나 고급 및 전문 레스토랑의 영업 전반에 영향을 미치기 때문에 각 업장의 입지조건과 판매표적 시장 및 고객의 동향을 철저히 분석한 후 고객의 욕구충족과 경영전략 차원에서 이루어져야 한다. 메뉴의 구성은 그 주방의 책임자 또는 요리장의 책임 하에 경영주와 총지배인의 의사를 존중해서 시장조사 후에 이루어져야 하며, 조리사들은 이 메뉴에 의하여 그때그때의 요리를 만들어내는 것이다. 특히 잊어서는 안 될 것은 재료 재고의 유무와 조달가능성을 잘 검토해서 메뉴를 구성해야 한다.

(1) 나인메어의 메뉴기획시 고려사항

나인메어(Jack. D. Ninemeier)는 메뉴기획시 고려해야 할 사항으로 다음과 같은 것을 들고 있다.

① 수입과 원가관리
② 위생관리
③ 예 산
④ 고객 측면
⑤ 디자인 측면

메뉴를 기획하기 전이나 기획관리 과정에 있어서 고려되어야 할 변수들은 주로 고객 측면의 관점(영양적인 요구사항, 습관과 기호성 등)과 또는 기획관리 측면의 관점(목적, 예산, 식재료 공급시장 조건, 조리기구와 방법, 조리인원, 서비스 형태 등), 디자인 측면의 관점(고객의 첫인상, 식음료 상품과의 구성, 시설분위기와 조화성, 메뉴판의 재질, 활자체, 색채 및 공간 등) 등으로 크게 대별할 수 있다.

(2) 스톡의 메뉴기획시 고려사항

메뉴기획은 제공될 여러 가지의 음식과 음료를 미리 결정하여 고객에게 서비스하는 방법을 채택하고, 아울러 판매가격을 결정해야 하는 과정이기 때문에 매우 어려우면서도 필요에 따라서는 과감하게 시정해야 하는 일이다. 미국의 식음료관리 전문가인 스톡(John. W. Stokes) 교수는 메뉴를 기획할 때는 다음과 같은 내용이 포함되어야 한다고 지적하고 있다. 즉 메뉴를 기획하기 위해서는 첫째, 고객의 필요와 욕구, 둘째, 원가와 수익성, 셋째, 이용가능한 식품, 넷째, 조리설비의 한계, 다섯째, 메뉴의 다양성과 매력성, 여섯째, 영양적 요소 등이 사전에 고려되어야 한다.

① 고객의 욕구파악 : 메뉴가 누구를 대상으로 기획되고 있으며, 그들이 좋아하는 것이 무엇인가를 분석하여야 한다. 그러기 위해서는 시장조사가 선행되어야 할 것이다.

② 원가와 수익성 : 아무리 좋은 메뉴라도 원가가 높은 식품들로 구성되어 고객에게 부담이 클 경우 그 메뉴는 실제로 사용이 불가능할 것이다. 메뉴기획자는 항상 원가의 목표율을 염두에 두고 기획함으로써 적절한 이윤을 얻음과 동시에 매출도 늘릴 수 있을 것이다.

③ 식재료의 구입 여부 : 메뉴기획자는 메뉴에 사용되는 식재료가 무엇인가를 알고 구입이 가능한 품목과 현재 보유하고 있는 제고품목을 활용할 수 있도록 하며, 재료를 구입하는 사람은 시장조건에 대한 정보를 메뉴기획자에게 제공하여야 한다.

④ 조리기구 및 시설의 수용능력 : 메뉴기획자는 주방에서 사용 가능한 조리기구와 시설, 인력의 한계를 감안하여 기획에 임하여야 한다.

⑤ 다양성과 매력성 : 고객의 선택 폭을 넓히기 위해 다양한 품목을 갖추어 메뉴를 구성할 것인지, 아니면 호기심과 식용을 돋굴 수 있는 매력적이고 전문적인 메뉴를 구성할 것인지에 의한 메뉴 아이템을 구성해야 한다.

⑥ 영양적 요소 : 영양적 요소에 대한 고객들의 관심이 점점 높아지므로, 건강식과 자연식, 보양식에 대한 깊은 배려가 있어야 한다.

위의 내용을 요약하여 살펴보면, 결과적으로 메뉴기획시 고려해야 할 사항과 유의사항이 접목되어 나열된 것이다.

4) 메뉴작성의 형태와 조건

레스토랑 메뉴의 목적은 제공되는 메뉴의 정확한 요리법과 이름 및 가격에 기본을 두고 있으므로 항상 이 점을 유의하여야 한다.

메뉴작업은 레스토랑 운영에 있어서 작은 한 부분으로 느껴질지 모른다. 그러나 제공하는 사람과 제공받는 사람의 작은 언어표현에 비해서는 그 중요성은 아무리 강조해도 지나치지 않을 것이다. 즉 메뉴판의 설명은 5감(시각, 후각, 미각, 청각, 촉각)을 자극하여 고객에게 감동을 줄 수 있도록 구성되어야 한다. 그리고 일반적으로 메뉴의 인쇄형태는 문자를 대문자나 소문자로 표기한다. 그러나 손님의 기억에 보다 오래 남으며 읽기 쉬운 것은 소문자로 표기하는 형태이다. 이것은 규정화되어 있는 것에 익숙해져 있는 고객에게 보다 보기 쉽고 또 줄을 이어 읽기에도 눈이 빠르게 움직일 수 있기 때문이다.

보다 읽기 편하다는 증거의 하나로 일반 신문이나 잡지 등의 내용을 보면 대개가 소문자 형식을 취하고 있다. 그러나 모두 그렇다는 것만은 아니다. 제목이나 작은 표제 또는 특별히 강조되어야 할 사항은 대문자 형식을 취하는 것이 효과적이다. 이탤릭체의 글씨인 경우 강조할 부문이나 액센트를 주는 사항에 이 글씨체를 사용한다. 이 글씨체로 커다란 제목이나 내용 전체에 사용하게 되면 고객이 읽어나가는데 눈에 커다란 피로를 느끼게 된다.

메뉴에 관한 토의는 의사의 전달이 그 본래의 목적이며, 디자인이나 특성, 색상 등과 같은 사항들은 보다 이해를 돕는데 도움을 주는 요소이다.

다음은 메뉴의 특성에 있어서 첫째로 감안해야 되는 것은 그 레스토랑의 분위기이다. 만약 레스토랑이 현대적 시설과 기물 등을 보유하고 있으면 깨끗하고 복잡하지 않은 현대식 메뉴를 준비해서 레스토랑의 전반적인 분위기와 조화를 이루어야 한다. 반대로 레스토랑이 오래된 영국식, 중국식, 이탈리아식, 그리스식이라면 요리와 분위기가 잘 어울리도록 구성을 해야 할 것이다.

메뉴의 색상을 결정할 때에도 단순히 흰색 바탕에 검정 글씨가 아니고 그 메뉴의 비중, 가벼움, 우아함 등을 고려하며 메뉴를 덮었을 때와 펼쳤을 때의 색상에도 신경을 써야 한다. 만약 메뉴의 겉표지를 무거운 색상으로 선택했다면 메뉴를 펼쳤을 경우에는 산뜻한 색상을 선택하여야 한다.

글씨는 일반적으로 검정색을 사용하며, 바탕색은 보통 흰색이나 옅은색(크림색, 상아색, 회색 등)이 좋다. 고객이 구별하기 쉽게 '샌드위치', '샐러드', '에피타이저', '음료' 등과 같이 구분해 주는 내용은 2차색, 즉 일반적인 진회색, 밤색이나 검정 등을 사용하여 고객이 보기 편하게 하여야 한다.

그러나 검정색 바탕에 흰색 글씨와 같은 형태는 절대 피해야 한다. 글씨의 크기는 일반적으로 6point에서 사용하며 8, 10, 12, 14, 16, 18, 24, 28··· 72point로 되어 있다. 레스토랑 메뉴에서 가장 중요한 사항은 글씨의 크기가 어떠한 경우에도 12point보다 작아서는 안 된다는 것이다.

일반적으로 나이가 드신 고객들은 글씨가 작으면 읽는데 문제가 있고, 또 안경을 끼는 일반고객들도 공공장소에서는 안경을 벗고 가는 수가 많기 때문에 여러 사람이 보는 레스토랑의 메뉴는 읽기 편할 정도의 크기로 되어야 한다.

다음은 효과적인 메뉴의 작성을 위한 기본적인 사항들이다.

① 12point 아래의 글씨형태는 취하지 말 것
② 읽기 편하게 하기 위하여 소문자 형식을 취할 것
③ Head나 작은 표제는 대문자로 표기할 것
④ 줄 사이는 3points 이상을 띄울 것
⑤ 레스토랑의 성격을 감안할 것
⑥ 너무 이상하거나 이국적인 메뉴는 피할 것
⑦ 색상의 조화에 신경 쓸 것
⑧ 정반대 색상의 이용에 주의할 것

메뉴는 어디에서 어떤 고객을 상대로 운영하여야 할 것인가에 따라 다음과 같은 조건에 의해서 메뉴를 작성하지 않으면 안 된다.

특히 연회행사를 위한 메뉴는 남녀노소 모든 분을 상대로 하기 때문에 모든 고객이 공감하고 선호하는 메뉴를 만들어야 한다.

3. 연회메뉴의 종류

1) 식사내용에 의한 구분

(1) 정식연회메뉴(Tabel d' hôte Menu)

정식메뉴는 정해진 순서에 따라서 제공되는 메뉴로서 고객은 그 메뉴 내용이 구성하고 있는 각각의 요리품목을 주문할 필요가 없다. 즉 정해진 가격에 의해 정해진 순서대로 제공되는 요리를 말한다. 정식메뉴의 유래는 여행 숙박자들의 편의도모와 숙박시설의 영업적인 면이 고려되어 숙박에 식사를 곁들여 제공하는 풀 팡숑(Full Function : Full Board)에서 생겨났다고 볼 수 있다.

정식메뉴는 풀 코스 메뉴(Full Course Menu)로 제공되는데, 대체적으로 한끼 분으로 구성되어 있고, 값이 약간 비싼만큼 품질도 우수하다. 중세시대 식당에는 'Table Master'라고 하는 식탁에서 주인이 손님과 함께 식사를 했다고 하는데, 이처럼 주인과 손님 같은 식탁에서 식사하던 것을 'Table d' hote'라고 하였다. 이 풀 코스는 중세시대에는 대단히 복잡한 코스로 구성되었으나, 현대에 와서는 비슷한 요리를 통합하여 3코스, 5코스, 7코스, 9코스 등으로 이루어지고 있는데, 대부분 7코스 메뉴가 가장 보편적이면서 품위가 있다.

현대인의 감각으로 볼 때 정식메뉴만으로는 고객에게 욕구만족을 해줄 수 없을 수도 있으며, 또한 대부분의 레스토랑은 정식메뉴만을 고집하여 판매하지는 않는 실정이다. 정식메뉴와 비슷한 Daily Special Menu가 있는데, 이 메뉴는 매일 매일 주방장이 준비하여 내는 메뉴로서 고객들의 다양한 기호성에 맞추어 양질의 재료, 저렴한 가격, 때와 장소, 계절감각에 맞게 짜서 고객에게 매일 변화있는 메뉴를 제공하는 것이다.

정식연회메뉴의 단점은 고객의 기호나 특성 및 개성에 따라 싫어하는 음식도 있으나, 기존의 메뉴가 정해져 있기 때문에 선택의 여지가 없어 아쉬움을 주기도 한다.

Western

W3

₩ 50,000

Norwegian smoked Salmon with Crab Water Mousse Traditional Condiments
노르웨이산 훈제 연어와 민물게살 무스

Vegetable and Pasta Soup with grated Parmesan Cheese / 파메산 치즈를 올린 야채와 파스타 스프

Raspberry and Mint Sherbet / 라스베리 민트 셔벳

Roasted Beef Fillet with Rosemary, Amarone Wine and Garlic
로즈마리와 마늘과 맛을 낸 소고기 안심과 아마론 와인 소스

Assorted Lettuces with Herb Dressing / 샐러드와 허브 드레싱

Grand Marnier and Bittersweet Chocolate Timbale with Ginger Cookie
생강 쿠키를 올린 그랑 마니에 초콜릿 팀발

Coffee or Tea / 커피 또는 홍차

Western

W6

₩ 80,000

Duck Liver Terrine with Seasonal White Asparagus and Peppercorn Jelly
화이트 아스파라가스와 페퍼콘젤리를 곁들인 오리간 테린

Crustacean Sausage Soup with Dill Cream / 딜 크림을 곁들인 해산물 소시지 스프

Pink "Moét et Chandon" Sherbet with Cassis / 핑크 "모에샹동" 셔벳

Beef Tenderloin with pan-fried Goose Liver, Baby Lobster and Morel Mushrooms
소고기안심과 팬 프라이 거위간, 작은 바닷가재와 모렐 버섯

Organic Boutique Lettuces with 24 Karat Gold and Herb Dressing / 유기농 샐러드와 허브 드레싱

Fresh Fruits with Amaretto Flavored Crème Fraiche / 신선한 과일과 아마레또향의 크렘후레쉬

Coffee or Tea / 커피 또는 홍차

(2) 일품연회메뉴

일품연회메뉴(A la Carte Menu)란 고객의 기호에 따라 한 품목씩 자유로이 선택하여 먹을 수 있는 차림표를 말하는데, 이것을 일품연회메뉴 또는 표준 차림표라고도 한다. 한 품목씩 가격이 정해져 있어 고객이 선택한 품목의 가격만큼 지불하면 된다.

일품연회메뉴는 식당의 주된 차림표로서 그 구성은 가장 전통적인 정식식사의 순서에 따라 각 순서마다 몇 가지씩 요리품목을 명시한 것으로, 현재 각 식당에서 사용하는 메뉴는 일반적으로 거의 다 일품요리 메뉴이다. 이 메뉴는 한 번 작성되면 장기간 사용하게 되므로 요리준비나 재료구입 그리고 조리업무에 있어서 단순화되어 능률적이라 할 수 있으나 원가상승에 의해 이익이 줄어들 수도 있고, 단골 고객에게는 신선한 매력이나 맛을 느낄 수 없어 판매량이 줄어들 수 있으므로 고객의 호응도를 감안하여 새로운 메뉴계획을 꾸준히 시도해야 한다.

일품요리의 메뉴는 정식요리의 메뉴에 비해 다음과 같은 특징이 있다.

① 가격이 정식메뉴보다 비교적 비싼 편이다.
② 고객의 기호에 따라 다양하게 메뉴를 선택할 수 있다.
③ 제공되는 요리품목의 메뉴구성이 다양하다.
④ 메뉴의 종류가 많아 식자재 관리가 어렵다.

(3) 특별메뉴(Daily Menu)

호텔 레스토랑이나 전문 레스토랑 또는 연회장에서 제공하는 특별메뉴(Daily Menu)는 원칙적으로 매일 시장에서 특별한 재료를 구입하여 주방장이 최고의 기술을 발휘함으로써 기념일이나 명절과 같은 특별한 날이나 계절과 장소에 따라 그 감각에 어울리는 산뜻하고 입맛을 돋우게 하는 메뉴이다. 특별메뉴를 제공함으로써 매일매일 시장정보에 의한 신선한 식품의 구매와 준비된 최고의 상품으로 신속하고 정선된 서비스를 할 수 있으며, 식재료의 재고품 판매를 꾀할 수 있다. 또한 연회고객이 그 날의 행사를 위한 메뉴를 선택할 때 손쉽게 선택할 수 있으며, 행사와 관련한 제반사항에 대해 쉽게 접근할 수 있음과 동시에 고객이 요구하는 분위기를 제공할 수 있는 특징이 있다.

Japanese Lunch Box

JLB 3
₩ 45,000

Broiled Silver Codfish	은대구 구이
Green Tea flavored broiled Chestnuts	녹차향의 구운밤
Scallops Teriyaki	가리비 데리야끼
Beef Teriyaki	소고기 데리야끼
Eel Teriyaki	장어 구이
Red Fish Paste	어묵
Paprika Flavored Chicken	파프리카향의 닭고기구이
Mixed Lettuces with Soy Dressing	야채샐러드와 간장드레싱
Fried Prawns	새우 튀김
Assorted Sushi	초밥 모듬
Sashimi (3 kinds)	생선회
Soy Sauce	간장
Kimbab	김밥
Cucumber Shisonomi	오이 시소노미
Pickled Ginger Slices	초생강
Pickled Yellow Turnip	단무지
Miso Shiru	장국
Sliced fresh Fruits	과일모듬
Onion sliced	양파
Caper	케이퍼
Horseradish Cream	홀스래디쉬크림
Smoked Salmon	훈제연어
Salted Pollack Roe	명란젓
Wasabi	와사비
Shisonomi Kurake	해파리절임

Japanese Lunch Box

JLB 1

₩ 32,000

Broiled Fish	생선구이
Red Fish Paste	어묵
Green Tea flavored Chestnuts	녹차향의 구운밤
Sake smoked sliced Salmon	훈제연어
Beef Teriyaki	소고기 데리야끼
Breaded Shrimp	새우튀김
Meat Ball	미트볼
Salted Cuttlefish	오징어젓
Kimchi	김치
Mixed Lettuces Soy Dressing	야채 샐러드와 간장 드레싱
Steamed Rice	흰밥
Roasted Black Sesame	흑임자
Lotus Root	연근
Marinated Jelly Fish	해파리냉채
Soy Sauce	간장
Miso Shiru	장국
Sliced fresh Fruits	과일모듬
Wasabi	와사비
Horseradish Cream	홀스래디쉬 크림
Sliced Onion	양파
Caper	케이퍼

(4) 연회뷔페메뉴(Buffet)

연회뷔페는 고객이 일정한 요금을 지불하고 기호에 따라 준비된 음식만 골라 마음껏 즐길 수 있는 셀프서비스(Self-service) 방식의 연회식사메뉴이다. 그러나 음료나 술은 별도 계산을 하도록 되어 있으며, 준비내용에 따라 찬(Cold) 뷔페와 더운(Hot) 뷔페로 나누고, 내용상으로 크게 두 가지로 구분되는데, 일정하게 예약된 인원(연회, 각종 행사)을 위하여 정해진 음식의 양이 제공되는 클로즈 뷔페(Closed Buffet)와 불특정다수의 고객(일반 뷔페식당)을 대상으로 준비되는 오픈 뷔페(Open buffet)가 있다. 특히 연회행사를 위한 뷔페메뉴는 클로즈 뷔페(Closed Buffet) 형태이므로 고객의 욕구에 충족되도록 어떠한 형태이든 메뉴구성을 잘 해야 한다.

이러한 내용의 뷔페메뉴(Buffet Menu)를 구체적으로 살펴보면 다음과 같다.

① 형태상 분류

- 오픈 뷔페(Open Buffet) : 일반 뷔페레스토랑에서 취하는 방식으로 기호에 따라 양껏 먹을 수 있고 일정한 금액을 지급하는 것이다. 대부분 호텔의 상설 뷔페가 이에 해당되며 지금 일반 전문 뷔페레스토랑도 많이 산재해 있는 상태이다.
- 클로즈 뷔페(Closed Buffet) : 대부분 연회행사에 적합한 형태로서 한·양·일·중식, 복합, 칵테일 등 다양한 연회행사를 특정장소에서 금액에 의한 손님의 수에 따라 음식이 제공된다.

② 준비내용에 따른 분류

- 찬 뷔페(Cold Buffet) : 찬 뷔페는 더운 여름이나 무도회 때 주로 이용되는 뷔페로서 요리의 양이 제한되어 있고, 반드시 메뉴에 가격이 표시되어 있으며 칵테일 파티의 형태와 같다.
- 더운 뷔페(Hot Buffet) : 더운 뷔페는 대부분 연회행사의 가족파티에 많이 제공되며, 한꺼번에 많은 고객을 유치할 수 있는 장점이 있으며, 반드시 음료(Beverage)가 따른다. 기호에 따라서 양껏 먹을 수 있고, 많은 요리를

제공하므로 이에 따른 요리사가 필요하나 인건비는 절감된다. 만찬 형태의 행사로 행해지며(회갑, 각종 회사의 공식행사 등) 비중있는 파티에 많이 제공된다.

③ 스모가스보드(Smorgasbord)

- 육류를 비롯해 각종 가니쉬(Garnish), 빵, 버터 등을 식탁 위에 함께 진열한다.
- 식탁을 가운데 두고 향연을 개최하는 것을 뜻하기도 한다.
- 스웨덴에서 유래된 요리이다.
- 식후의 음료는 별도로 계산되어 이익을 올릴 수 있다.
- 외국의 경우에는 전채는 제공되나 육류와 후식 등 그 밖의 것은 메뉴에 따라 별도로 계산되는 곳이 많다.

2) 시간적인 내용에 의한 구분

(1) 아침 연회메뉴

아침 연회메뉴의 특징은 아침식사와 곁들여 간단한 행사나 미팅 등을 위한 것이다. 또한 아침에 제공되는 요리를 총칭하는 것으로서 보통 오전 10시까지 제공되는 요리를 말한다. 특히 아침식사서비스가 그 날을 즐겁게 또는 기분을 상하게 할 수 있다는 점에서 세심한 주의를 필요로 한다. 아침 일찍 오시는 고객은 일반적으로 아직 잠에서 덜 깨었거나 졸려서 주위의 변화에 둔감할 수 있기 때문에 특별히 신경을 써야 한다.

아침 연회메뉴(Breakfast Menu)에 따른 식사형태는 최근에 변화되었다. 조식준비를 다양하게 하는 가정의 형태보다는 보다 가벼운 건강식 메뉴를 조식에 준비하여 계속적인 서비스를 하는 코스 형식이나 과일, 시리얼, 계란, 주스, 빵 등을 한두 가지만 선택하는 간단한 메뉴를 준비하고 있다.

호텔에서의 양식 아침메뉴준비(Breakfast Preparation)는 크게 4가지로 구분할 수가 있다.

① American Breakfast

Juice or Fruit → Cereal → Egg → Toast Bread → Beverage

② Continental Breakfast

Juice → Toast Bread → Beverage

③ Vienna Breakfast

Sweet Roll or Danish Pastry → Soft Boil Egg → Coffee or Milk

④ English Breakfast

Juice → Cereal → Fish → Egg → Toast Bread → Beverage

그 이외 손님의 취향에 따라 선택해 먹는 일품요리(A la Carte)도 있다.

(2) 브런치 연회메뉴

브런치 연회메뉴는 아침(Breakfast)과 점심(Lunch) 사이에 특별한 연회를 위해 만들어진 메뉴의 일종이다. 브런치는 아침과 점심 사이(10:00~12:00)라는 합성어로 공휴일이나 일요일에 늦게 일어난 사람들에게 아침 겸 점심을 먹는 습관에서 출발하여 생긴 메뉴로서 아침 메뉴와 점심 메뉴가 혼합되어 있는데, 여기에는 Set Buffet Menu가 많이 사용된다. 또한 일부 브런치 메뉴는 전통적으로 아침식사로서 인기 있는 음식으로 마련되지만 일부에서는 과일, 빵, 달걀, 육류 등 다양하게 차려지기도 한다.

(3) 점심 연회메뉴

정오에 연회고객을 위한 식사로서 저녁식사보다 간단하고 코스도 적을 뿐만 아니라 아침식사와 같이 비교적 쉽고 빨리 먹을 수 있는 메뉴가 주종을 이룬다. 샌드위치, 수프, 샐러드, 과일주스, 빵 등 영양이 충분하면서 빨리 먹을 수 있는 메뉴가 점심 연회메뉴(Lunch Menu)로 대표적이다. 점심메뉴는 주식의 명칭으로서 영국에서는 간단한 점심을 Tiffin이라고 한다. 이것은 대개 정식의 메뉴로 구성되지만, 내용적으로는 정찬보다는 간단한 약식식사이다.

(4) 저녁만찬 연회메뉴

대부분의 연회행사는 저녁시간을 이용하고 있다. 그렇기 때문에 저녁만찬 연회메뉴는 내용적으로 다양할 뿐만 아니라, 가격 면에서도 점심 연회메뉴보다 더 비싸다. 무엇보다도 중요한 것은 고급요리임과 동시에 매우 비중있는 것인만큼 정성을 들여야 한다. 스테이크, 치킨, 로스트, 해물요리, 라자냐, 파스타, 랍스타 등이 전통적인 저녁 연회메뉴에 사용된다. 또한 포도주와 칵테일, 샴페인 그리고 다양한 디저트와 함께 제공되기 때문에 점심메뉴보다 훨씬 다양하고 고급스러운 요리들이다.

(5) 스탠딩 파티메뉴

스탠딩 파티메뉴는 고객들의 요구에 따라 간단한 음식을 준비하여 서서 먹을 수 있는 메뉴의 일종이다. 아침과 점심, 점심과 저녁 사이에 간단히 먹는 메뉴로서 샐러드, 요구르트, 아이스크림, 치즈, 케이크류에서부터 소시지, 샌드위치, 커피, 차 등이 포함되어 제공되는 요리를 스낵메뉴(Snack Menu)라 한다.

(6) 심야 정찬메뉴(Supper)

심야 정찬메뉴(Supper Menu)는 보통 특별한 축제행사나 이벤트행사가 있어 늦은 저녁에 먹는 메뉴를 말하며, 보통 2~3가지 순으로 짜여진 메뉴로서 소화가 쉽고 질이 높은 것이다. 원래는 격식이 높은 정식이었으나 점차 변하여 최근에는 가벼운 야식으로 변했다. 이때의 음식은 항상 질이 우수하고 소화가 쉽게 되는 것으로 주의깊게 짜여지는 것이 보통이다.

3) 일자별 분류

(1) 축제 연회메뉴

축제 연회메뉴(Fevertival Menu)는 축제일이나 어느 지방, 어느 나라의 특별한 날짜를 기념하기 위하여 만든 행사용 메뉴로서, 특별한 경우이기 때문에 축제의 흥을 돋굴 수 있게 의미있는 재료를 이용한 메뉴로 작성하여야 한다. 한 예로 추수감사절이나 성탄절에는 칠면조 요리나 호박파이 등을 반드시 메뉴에 넣어야 하는 것도 의미가 있는 일이다.

(2) 계절 연회메뉴

계절 연회메뉴(Seasonal Menu)는 성숙기와 비성숙기인 계절의 재료를 선정하여 1주에서 길게는 2~3개월까지 쓰는 메뉴로서, 대체로 Strawberry, Mushroon, Apple, Ice Cream, Salmon, Salad 등을 주 재료로 선정하여 특별한 행사를 위해 구성한 메뉴를 말한다.

제2절 연회메뉴의 마케팅 및 포지셔닝 전략

1. 연회메뉴 마케팅

1) 메뉴마케팅 설정

메뉴계획의 목적은 경영주가 기대하고 미리 결정한 경제적 목적을 달성하고자 판매 및 마케팅 전략을 수행하는 것에 있다. 또한 경영주가 미리 결정한 생산량이나 품질면의 목적을 이루고자 한다.

고객은 메뉴를 통하여 호텔 레스토랑이나 전문 레스토랑에서 제공하는 진정한 의미의 식음료 상품을 전달받기도 한다. 고객의 의사를 전달하고자 하는 내용과 고객이 전달하고자 하는 내용, 메뉴가 전달하고자 하는 내용이 상호 상관관계를 갖고 있기 때문에 동시에 수용하는 마케팅 수단으로서 메뉴를 설정해야 한다.

따라서 메뉴는 고객이라는 측면과 외식기업이라는 측면 중간에서 상호보완적인 역할을 담당하는 기능을 갖고 있으며, 의사교환을 용이하게 해주고 특별히 정해 놓은 호텔 레스토랑 및 외식업체의 이미지를 전달하기도 한다. 그렇기 때문에 메뉴마케팅의 범위설정은 영업장의 내부적 및 외부적 환경에 맞는 메뉴마케팅을 설정하는 것이 바람직하다. 무엇보다도 개별고객과 단골고객 및 표적고객을 위한 마케팅 전략을 수립하려는 의도가 있을 때는 어느 한쪽으로 치우친 열등전략을 세워서는 안 된다.

2) 메뉴마케팅 접근방법

(1) 컬러

특별히 정해놓은 레스토랑의 이미지컬러의 사용이 아닌 경우에는 전체적인 이미지와 잘 부합되는 색깔을 선택하여 통일감을 주는 것이 상당히 효과적이다.

(2) 색채심리

색채에 대한 정서적 반응, 이른바 색체심리는 인간의 심리적 요인에 많은 작용을 하는 것으로 알려지고 있다. 이와 함께 각 환경에 따른 유형에 의해서도 색채는 실제적인 목적달성에 주로 이용되고 있기도 하다. 길버트 브릭하우스(Gilbert Brighouse)는 그의 이론에서 인간의 감정은 매우 다양하고, 개인적인 성향마다 차이를 보이고 있지만, 색채에 대한 반응에 대해서는 대부분의 사람들이 공통된 일반적인 반응을 나타내고 있다고 밝혔다.

① 가시도(可視度)

이미 알려진 색채에 대한 시각반응이나 연구결과 등을 통해 보면 우리가 어떤 '보는(읽는)' 작업을 할 때 가장 적절한 색의 개발에 대해서 많은 분석이 이루어졌음을 알 수 있다. 그 결과로는 빛의 세기에 따라서 차이가 있긴 하지만, 바탕색은 흰색계열이 가장 적합하며 다음으로 연한 아이보리색, 크림색, 연한 황녹색 등으로 나타났다. 또한 읽기 작업에서 시간의 빠르기는 명도와 직접적인 관계가 있으며, 흰바탕에 검은 글씨처럼 시각(視覺)이 좁고 명도가 낮은 경우 식별속도가 빠른 것으로 알려지고 있다.

② 색채선호도

사람들의 색채선호에 대한 데이비드 캐츠(David Katz)의 실험보고서에 의하면, 어린이의 색채선호는 빨간색, 파란색, 초록색, 자주색, 주황색, 노란색의 순서이며, 만 3세 이하의 영아들의 경우는 노란색이 가장 선호된데 반해 아기들이 자라 어린이가 되면서는 노란색에서 빨간색, 파란색으로 경향이 바뀌는 것으로 나타났다. 성인이 되면 파장이 짧은 색(파란, 초록)을 파장이 긴 색(빨간, 주황, 노랑)보다는 훨씬 선호하며, 파란색, 빨간색, 초록색, 보라색, 주황색, 노란색의 순으로 좋아하며, 이 순서는 영원히 변치 않고 전세계적으로 일치한다는 것이 실증 보고되고 있다.

③ 색채와 음식

사실 음식의 색채에 대해 사람들의 반응은 매우 즉각적이며 민감하게 받아들이고 나아가 식욕의 증진과 감퇴의 직접적인 원인이 되기도 한다. 순색 가운데서는 빨간색이 가장 식욕을 돋구는 색이며(빨간 사과, 신선한 선홍색의 쇠고기 등) 주황색 쪽으로 접근해 갈수록 식욕은 더욱 자극되는 것으로 알려져 있다. 그러나 노란색 계통에서는 식욕이 감소하며 연두색에서는 현저히 감소한다. 하지만 대자연의 신선함이 있는 초록색이 되면 다시 식욕이 증가되며 파란색도 식욕자극에는 별효과가 없는 것으로 나타났다. 잘 익은 고기나 빵 종류의 곡물을 연상시키는 고동색도 짙은 주황 계통이므로 식욕자극에 상승효과를 보인다. 따라서 대부분의 사람에게 복숭아색, 빨간색, 주황색, 갈색, 담황색, 진노랑색, 맑은 초록색 등이 가장 식욕을 돋구어 주는 색으로 알려져 있으며, 분홍색, 엷은 파랑색, 엷은 자주색 같은 색들은 들쩍지근하게 느껴지는 색이어서 음식의 색으로는 잘 쓰이지 않는다. 파란색은 식욕을 돋구지는 못하지만 다른 색으로 된 음식들을 더 맛있게 보이도록 만들어주는 색이다. 즉 파란색은 음식 그 자체의 색으로는 적합하지 못할지라도 음식의 배경색으로는 아주 좋으므로 메뉴북 디자인을 위한 사진촬영, 테이블, 식기류의 선정시에 고려해 볼 만한 색이다.

3) 메뉴상품 개발전략

연회메뉴상품을 개발하기 위한 전략을 세우기 위해서는 우선 고객의 필요와 욕구에 기인될 수 있는 상품을 중심으로 시장조사에 의해 소비자를 정확하게 파악해야 한다. 또한 고객중심적인 측면에서 접근하여 수요창출효과를 최대로 발휘할 수 있도록 메뉴라이프사이클 특징과 합리적인 조화를 통하여 소비자를 흡수해야 한다. 이를 위하여 메뉴의 상품차별화정책, 시장세분화정책 및 상품의 진부화정책 등이 하나의 방안으로 될 수 있다.

(1) 메뉴상품 차별화정책(Menu Product Differentiation Policy)

연회메뉴개발의 차별화정책은 자사메뉴와 유사한 메뉴가 목적시장에 범람하여 파격적으로 인하된 가격으로는 경쟁에서 이기기 힘들기 때문에 비가격적 경쟁력을 높이는 방안이다.

① 실질적인 메뉴상품 차별화정책

메뉴상품에 대한 본래의 기능을 개발하여 타사메뉴보다 품질이나 성능을 우수하게 혹은 특이하게 하여 메뉴상품을 차별화시키는 정책이다. 그러기 위해서는 메뉴상품을 개발하기 위한 자금을 많이 확대하여 장기적으로 투자해야 하는 단점도 있다.

② 형식적인 메뉴상품 차별화정책

경쟁메뉴와 비교하여 특별히 눈에 띄게 하거나 고객에게 매력을 줄 수 있도록 메뉴의 외관상 특색을 통하여 자사메뉴와 구별하여 그 우수성을 쉽게 인정받음으로써 수요를 창출해 나가는 정책이다.

③ 관념적인 메뉴상품 차별화정책

연회메뉴에 대한 광고, 이미지, 서비스 등 관념적인 사항을 기존의 형태에서 약간 개선하여 경쟁메뉴와 차별화시키는 전략이다. 이런 절차를 통해 자사메뉴에 좋은 이미지를 심어 고객에게 강한 인상을 동원하여 비록 연회메뉴상품의 질이 경쟁업체의 메뉴와 동질적 의미라 할지라도 판매면에서 경쟁력을 높이는 전략이다.

(2) 연회시장 세분화정책(Banquet Market Segmentation Policy)

연회고객의 목표시장을 몇 개 집단으로 구분하여 각 시장에서 형성된 연회고객 기호에 맞도록 메뉴를 개발해 나가는 정책이다. 이 전략은 시장을 소단위로 구분하여 목표설정을 하기 때문에 연회고객의 욕구 성향을 정확하게 분석하여 정책을 세우는 강점이 있다. 연회시장의 세분화는 인구통계적 분류(연령, 소득 등)에 의존하게 되는 것이 보통이다. 그러나 지리적 변수, 인구통계적 변수, 사이코그래픽 변수 등을 포함하는 개인적인 특정변수와 연회고객이 추구하는 편익 및 서비스의 소비량, 고객상황 등을 변수로 고려해야 한다.

(3) 연회메뉴상품의 진부화정책(Banquet Menu Product Obsolescence Policy)

외식시장의 소비구조가 위축되어 연회시장의 메뉴가 포화상태에 놓이게 되면 여러 종류의 연회메뉴를 신속하게 변화시켜 기존 메뉴상품의 사용가치를 계획적으로 소멸시키거나 단명화시킴으로써 새로운 대체수요를 창출하여 시장을 개척하는 전략이다.

① 기능적인 메뉴상품의 진부화정책

기능적인 메뉴상품의 진부화정책이란 기존 연회상품보다 기술적으로 품질과 외형 및 맛을 획기적으로 개선하여 기존 메뉴상품을 배제시키고 개선시킨 신 메뉴상품에 대해 대체수요를 활성화시켜 수요를 창출해 나가는 정책이다.

② 물리적인 메뉴상품의 진부화정책

기존에 판매하고 있는 연회메뉴를 고의적으로 메뉴의 수량을 한정시켜 연회고객들의 심리를 이용하는 정책으로서 이는 결국 도덕성과 사회적인 책임감이 뒤따라야 한다.

③ 심리적인 메뉴상품의 진부화정책

메뉴디자인, 스타일, 모양, 포장 등 외형적인 형태를 변화시켜 기존메뉴 이용고객에게 심리적으로 뒤떨어진 인상을 주어 새로운 메뉴상품을 선택할 수 있도록 유도하는 정책이다.

2. 연회메뉴 상품이미지 전략

1) 식품과 맛의 등급색

상품 이미지색은 여러 가지가 있다. 이러한 상품 이미지색의 기본이 되는 것은 상품다움을 나타내는 '상품색'이다. 상품의 이미지에는 여러 가지의 의미가 있고 복잡하지만, 특히 식품의 경우에는 숙명적으로 식품색이 이미지를 좌우한다. 예를 들면, 검은쌀과 흰장아찌 같은 것은 잘 팔리지 않는다. 거의 모든 식품은 색에 따라 이미지가 좌우되기 때문이다. 그러므로 상품 이미지색을 잘못 쓰면 실패하게 되는 것이다.

2) 맛을 내는 색깔의 힘

상품 이미지색에는 또 미각색이 있다. 식품에 있어서는 맛이 생명이며 이러한 맛은 색에 의해 전달된다. 이렇게 미각색을 구분해 쓸 필요가 있는 것은, 맛은 과거의 체험에 의해 존재하고 있는 것이므로 맛을 나타내는 색은 명확히 존재하고 있다. 맛을 정확히 표현하면 성공을 거둘 수 있는 상품이 될 것이다.

미각이라는 것이 색에 의해 좌우되는 예를 보면, 노란 수박이 많지 않은 것은 팔리지 않기 때문이며, 노란 수박의 경우 황색은 담황색이므로 단맛이 부족한 이른바 맛이 없어 보이기 때문이다. 황색, 적색 때문에 맛이 달라지지는 않지만, 황색수박은 무의식적으로 맛이 없다고 생각하게 된다. 결국 맛은 상품의 색과 패키지 디자인에 의해 좌우된다고 볼 수 있다. 그러므로 상품의 맛은 혀를 쓰는 미각테스트만으로 평가해서는 안 된다.

색의 조합, 대소, 강약, 대비, 맛을 내는 색의 활용, 형태, 디자인 여러 가지 요소에 의해 섬세하고 민감하게 변화해 가기 때문이다.

3) 종이선택 및 인쇄의 중요성

메뉴판을 기획하기 위한 기본적인 조건은 좋은 재질의 종이를 선택하여 메뉴를 만든다는 것이다. 그러면 메뉴판을 보다 오래 이용할 수 있고 품위가 있을 것이다.

메뉴디자인의 시작은 종이 재질의 선택에서부터 이루어진다. 메뉴를 만드는데 소요되는 비용의 1/3은 종이 재질에 쓰이며, 이러한 재질의 선택은 디자이너와 인쇄업자 및 서비스 담당자들이 토의하여 결정하여야 한다.

레스토랑을 위해서 메뉴종이의 선택은 두 가지 기본에 의하여 채택된다. 이러한 종이의 선택은 한 번 쓰고 버리는 것과 장기간 보존하는 메뉴의 성격에 의존한다. 매일 바뀌는 메뉴는 가볍고 비용이 적게 드는 재질의 것으로 인쇄하고, 오직 하루만을 쓰기 위한 것이므로 매끈하여야 하고, 고객으로 하여금 경비절감의 인상을 주어서는 안 된다.

두 번째로 장기간 사용하거나 보관할 메뉴의 종이는 내구성이 있으며, 코팅한 것을 주로 사용하여 고객들에게 품위가 있다는 느낌을 주어야 한다. 이것은 물에 강하도록 만들며 자주 젖은 수건으로 깨끗이 닦아 사용할 수 있도록 제작되어야 한다. 이러한 종이는 일반적으로 두껍고 질이 좋은 도화지 같은 것을 겹쳐 만들기도 하고 수입지, 플라스틱 등을 이용하여 만들기도 한다. 이렇게 해서 만들어진 메뉴는 고객이 계속적으로 사용하더라도 처음 접하는 느낌이 들게 하거나 오래될수록 품위가 있게 제작돼야 한다.

메뉴작업의 과정에는 다양성이나 절충안 두 가지 방향에서 이루어지고 있다. 이것은 항상 장기적이나 단기적 기간에 중점을 두고 만들어야 한다. 음료, 샌드위치, 샐러드 또는 그 레스토랑의 스페셜과 같은 항목, 즉 장기간 품목이 바뀌지 않는 것은 장기간 사용할 재질의 종이 위에 쓰며, 반면에 1일메뉴와 같은 사항은 가벼운 종이 위에 인쇄한다. 재질이 다르거나 색상을 달리하는 것은 추가의 상품판매를 목적으로 할 때 주로 이용한다.

무엇보다 물질적이나 미적인 사항에서 종이의 강도, 치수, 투명 정도, 잉크흡수성, 부드러움, 청결성을 고려한다. 그리고 메뉴를 볼 때 메뉴의 내용을 읽음은 물론 손으로 감촉을 느낄 수 있다는 점에서 재질을 선택할 때 신중을 기하여야 한다. 색상은 흰백색 또는 연한 색에서 진한 색까지 사용함으로써 메뉴의 품위를 높이는데 많은 영향을 줄 것이다.

종이와 메뉴디자인 구성에 있어서 고려해야 할 사항은 다음과 같다.

① 흰 종이 위에 광택이 나지 않고 투명한 잉크를 사용한다.
② 양각(Embossing)
③ 어두운 바탕 위에 밝은 잉크
④ 옅은 바탕의 종이 위에 금속성 활자
⑤ 종이의 3가지 치수
⑥ 투명 또는 반투명의 잉크 사용
⑦ 질감에 의한 감각적 효과
⑧ 같은 메뉴 속의 종이의 다양함

대부분의 메뉴는 석판인쇄나 활판인쇄 형식을 취하는 경우도 있으나 두 방법을 병행하기도 한다. 메뉴의 커버는 석판인쇄 형식을 취하는 반면, 매일 가격을 변화시키는 일일 스페셜 메뉴는 활판인쇄 형식을 취한다.

연회장의 메뉴는 내용에 따라서 호텔식음료 및 외식업체의 식재료 구매, 저장, 재고관리, 음식의 조리, 서비스나 작업계획 등 여러 가지 형태로 메뉴관리 내용이 결정되고 결과적으로 식음료 원가에 커다란 영향을 미치게 된다. 또한 메뉴의 종류와 내용 및 범위에 따라서 주방에 필요한 시설설비와 배치가 결정된다. 즉 메뉴는 식재료의 구매, 저장, 식음료 관리, 주방 및 홀의 시설과 설비, 그리고 장비의 배치 등 공간 배분뿐 아니라 모든 분야에 영향을 미치게 되는 중요한 요소인 것이다. 따라서 연회메뉴 관리는 종합적인 연회행사에 필요한 식음료 운영의 다른 요소들이 검토된 후에 관리되는 문제라기보다는 연회행사와 관련한 모든 문제를 도출하기 전단계의 시발점이 된다는 점에서 중요성을 갖고 있다. 즉 호텔식음료 및 외식업체의 경영은 기본적으로 메뉴의 계획으로부터 시작한다고 할 수 있다.

메뉴는 판매와 이익 모두를 증대시킬 수 있도록 디자인되어야 한다. 이런 의미에서 메뉴아이템의 판매증대 및 판매촉진을 위한 메뉴배치전략은 메뉴디자인 과정의 중요한 요소이다. 1980년대부터 인구의 이동에 관한 연구(Gazemotion Study)

가 활발해지면서 이 이론이 메뉴디자인 부분에도 응용되어 레스토랑에서 고객의 메뉴아이템 선택에 대한 대응전략으로 이용되고 있다.

메뉴는 단순히 품목과 가격을 설정하기 위해 존재하거나 또는 가격을 기록하는데 그치는 것이 아니라 고객과 영업장을 연결하는 판매촉진의 모체가 된다. 특히 서비스 접객원은 고객과 메뉴와의 중간에서 의사소통의 수단으로서 뿐만 아니라 마케팅 도구로서의 역할도 담당하고 있다.

Chapter * 4
연회장 기물 및 장비

Chapter 4
연회장 기물 및 장비

제1절 연회장 테이블, 의자, 리넨

1. 연회용 테이블

1) 연회용 테이블

연회용 테이블은 일반 레스토랑에서 사용하는 테이블과는 다르다. 각양각색의 연회행사를 치르며 연회장 공간을 효율적으로 사용하기 편리하게 수시로 다르게 배치할 수 있도록 제작되어졌다. 또한 연회용 테이블은 다리가 접어진다. 이동 사용의 편리성을 위해서이다. 그래서 'Olding Table'이라고도 칭한다. 여러 종류의 행사에 쓰이는 연회용 테이블의 종류와 사용법은 다음과 같다.

(1) Round Table 42"

- Cake Table, Cocktail Reception시 Side Table용
- Stacking Chair 사용할 때 4인용 식탁
- Arm Chair 사용할 때 2인용 식탁

(2) Round Table 54"

- Coffee Break Table, Cocktail Reception시 Side Table
- Stacking Chair 사용할 때 6인용 식탁
- Stacking Chair 사용시 10~12인용 식탁

〈표 4-1〉 연회용 테이블의 종류 및 규격

종류	규격		용도
Round Table	inch	cm	
Rectangular	42 54 60 72	107(지름길) 137 153 183	Cocktail Table, Tbl Deco 소규모 연회용, Cocktail 용 일반 연회용 일반 연회용
Metting Table	30×60 30×72	76×153 76×183	다목적 사용 다목적 사용
Half Round(1/2) Table	18×60 18×72	46×153 46×183	세미나용 세미나용
Quarter Round(1/4)	50(지름)	153(지름)	뷔페 및 테이블 연결용
Square Table	30(지름)	76.5(반지름)	뷔페 및 테이블 연결용
Crescent Table	30×30	46×46	케이크 테이블, OHP 테이블
	30		코너 및 테이블 연결용

(3) Round Table 60"

- Food Table, Coffee Table, Cocktail Reception시 Food Table
- 용도가 다양하며 좁은 공간에서 사용할 때 Stacking Chair 8~10인용 식탁
- Arm Chair 사용시 6인용 식탁

(4) Round Table 72"

- Food Table, Coffee Break Table, Cocktail Reception Table, 연회용

라운드 테이블 모습

(5) Table Top

- 고객이 원탁을 요구하지만 고객 수가 많은 경우에는 합판으로 만든 Table Top을 사용한다.
- Table Top의 종류 : 210×210(10~12인용), 220×220(10~12인용), 240×240(10~14인용), 260×260(10~14인용), 280×280(12~16인용)

(6) Round Table 사용할 때 주의사항

- 테이블을 운반하기 전에 반드시 장갑을 착용한다.
- 테이블을 운반할 때는 오른손으로 밀고 왼손으로는 테이블의 수평을 유지하여 천천히 굴린다.
- 테이블을 운반하면서 주위의 장애물을 살핀다. 벽, 모서리, 문짝 등에 유의하며 부딪쳐서 파손되는 일이 없도록 한다.
- 테이블을 펼 때 한 손으로 테이블이 넘어지는 것을 방지하며, 한 손으로 테

이블 다리를 펴고 잠금쇠의 소리가 딱 하고 나면 테이블이 펴진 상태이다.

2) Rectangular Table

(1) Rectangular Table 60×30

- Food Table, Buffet Table, Ice Carving Table, Reception Table 등 용도가 다양
- Stacking Chair나 Arm Chair 사용할 때 2인용 식탁

(2) Rectangular Table 72×30

- 용도는 60×30 과 동일함.
- Stacking Chair 사용시 3인용 식탁이며 Arm Chair 사용시 2인용 식탁이 된다.

(3) Metting Table 60×18

(4) Rectangular Table 사용시 주의사항

- 테이블을 운반하기 전에 반드시 장갑을 착용한다.
- 테이블을 운반할 때 테이블 중심부분을 오른손으로 잡고 왼손은 테이블 앞 부분을 살짝 들어 올려 주면서 움직인다.
- 많은 양의 테이블을 운반할 때에는 테이블 운반용 카트를 이용하여 운반하되, 벽이나 문짝기둥 등의 시설물에 유의하여 운반한다.
- 테이블을 펼 때에는 테이블을 옆으로 누운 상태에서 오른쪽 다리를 펴고 장금쇠의 소리가 딱 하고 난 다음 다리를 편다. 양쪽 다리가 완전히 펴지면 양 손으로 중심되는 부분을 들어 테이블을 정 위치에 놓는다.

3) 조립형 테이블

(1) Half Table(1/2)

Half Round 혹은 Halfmoon이라 부르며, 디럭스 행사시 Rectangular Table을 사용할 때 양쪽에 붙어서 사용하기도 하고, 특히 Two(2) Line Buffet Table의 Set-up

시에는 양쪽에서 음식을 담을 수 있도록 사용하기도 한다.

(2) Crescent Table

코너를 연결할 때 혹은 Head Table과 연결할 때 사용된다. 특히 Cocktail Reception에서 기둥 등을 돌릴 때 사용되나, Table Cloth를 펼 때는 주의하여야 한다. 크로스를 펼 때 반드시 중간에 주름을 잡아, 크로스를 펴도 테이블 모양이 나오도록 해야 한다.

(3) Quarter Round Table(1/4)

Rectangular Table 연결시 모서리를 둥글게 할 수 있는 테이블

(4) Square Table

Rectangular Table Set-up시 고객의 숫자가 홀수일 경우 사용하며, 그 외에도 Side, Project, Video 등 다양한 용도로 사용된다.

조립형 테이블 모습

4) 테이블 관리요령

• 행사에 알맞은 테이블을 사용한다.

- 무리한 충격을 가하지 않도록 한다.
- 무거운 물건을 올려놓거나 올라서지 않는다.
- 용도 외에는 절대 사용하지 않는다.
- 파손시 즉시 수리하여 불량품이 되지 않도록 한다.
- Round Table은 똑바로 세워서 보관하며, 바닥에 카펫을 깔아 미끄럼을 방지한다.
- Rectangular Table도 똑바로 세워서 보관하며, 바닥에 카펫을 깔아 미끄럼을 방지한다.
- 타부서에 대여시에는 차용증을 꼭 받아 보관하며 테이블 고유번호를 적어둔다.

〈테이블 운반방법〉

2. 연회용 의자

1) 의자의 종류

(1) 스타킹 체어

일반적인 연회행사시 가장 많이 사용하는 의자로서 행사가 없을 때에는 겹쳐 쌓아서 보관할 수 있도록 만들어져 있다.

스타킹 체어 보관방법 예시

(2) 암 체어

팔걸이가 있는 의자를 말하며, 고급연회 또는 일반 연회의 Head Table에서 사용한다.

암 체어

(3) 이지 체어

소파형의 안락한 의자를 말한다. 스테이지 위에 VIP석으로 사용된다.

이치 체어

2) 의자 취급요령

- 무리한 충격을 가하지 않는다.
- 용도 외에는 절대 사용하지 않는다.
- 흔들거리거나 발톱이 빠진 의자는 즉시 수리한다.
- 얼룩이 지거나 쿠션이 내려 앉은 의자는 즉시 보수한다.
- 색이 변질되거나 쿠션이 내려앉은 의자는 즉시 보수한다.
- Stacking Chair는 10개씩 이상 쌓지 않는다.
- Arm Chair는 반드시 겨드랑이에 껴서 운반하며 끌거나 던지지 않는다.
- Easy Chair를 이용하여 취침하거나 발을 올려 놓아서는 안 된다.

3. 연회용 리넨

1) 연회장 리넨류

리넨류는 면 종류의 이중직으로 물에 빨아 쓸 수 있는 제품이다. 특히 식탁용 리넨류는 비교적 고가품이므로 훼손이 되지 않도록 조심해서 취급하고 항상 깨끗하게 세탁 · 보관해서 사용하여야 한다.

연회장 영업상의 필요수량은 최소한 3배 이상(현재 사용중, 현재 세탁중, 영업 예비용)을 예상하여 신청한 다음 필요수량을 보급받아 영업에 사용한다. 이와 같이 사용되는 품목 하나하나의 비용이 상품원가의 일부를 점유하고 있다는 것을 기억하고 깨끗이 보관하여 사용할 수 있도록 하며, 보다 원가를 절감하기 위하여 오랜 기간 사용할 수 있도록 잘 관리하여야 한다.

리넨과 리넨 카트

연회장에서 리넨류를 보다 효과적으로 사용하기 위하여 보관창고에 선반을 만들어 잘 세탁된 리넨류를 종류별로 구분하여 일정하게 보관할 것이며, 남용하는 일이 없어야 한다.

(1) 연회장 리넨류의 종류

구분	품목	규격(cm)	사용용도
Table Cloth	60″ Table용	215×215	연회행사의 식탁용 다양한 색상이 있음
	72″ Table용	245×245	
	210 Top Table용	260×260	
	240×240 Top Table용	270×270	
	Rectangular Table용	230×880	

table Cloth

Cloth Napkin(White, Pink, Bule, Green)	52×52	고객식사 보조용
Drape's	9m×75	등록대, 헤드테이블 등의 앞에 치는 주름치마(고객의 다리를 가려주고, 품위있게 해주는 데 사용)
Water Towel	30×30	고객 식사 보조용
Green Felt	244×137	School Type 행사시 사용하는 파란 천

냅킨(Napkin)

2) 연회장 리넨류의 취급시 주의사항

- Table Cloth는 항시 청결을 유지하고 용도 외에는 절대 사용하지 않으며, 구김이 많은 부분은 스프레이를 사용하여 구김을 편다. 또한 행사 종료 후에는 크로스 위에 오물을 털어 버린 후 차곡차곡 접어서 세탁소로 보낸다.
- Drape's는 사용 후 컬러별로 말아서 보관하며, 흠집이나 얼룩이 배인 것은 세탁하거나 수선하여 사용한다.
- Napkin과 Water Towel은 고객의 입에 직접 닿기 때문에 위생적으로 보관하여 사용하도록 해야 하며, Napkin을 너무 많이 접어서 손때가 묻지 않도록 조심해서 다루어야 한다.

제2절 연회용 집기 및 비품

1. 일반 기자재

1) Platform(Portable Stage : 조립식 무대)

연회용 보유 장비 중 가장 사용빈도가 높은 장비 중의 하나이다. 특히 무겁고 사용방법이 복잡하므로 취급에 유의하여 안전사고 예방에 주의하여야 한다. 운반 시는 반드시 2인 1개조로 편성하여 운반한다.

일반적으로 연회장에서 사용하는 조립식 무대는 높이를 조정할 수 있고, 보관이나 이동이 용이하도록 접을 수 있으며, 바퀴가 달려 있다. 조립식 무대의 크기는 각 호텔 연회장의 사정에 따라 다르지만, 대체적으로 다음과 같다.

① 넓이(무대 표면적): 240cm(가로) × 120cm(세로)
② 조절 가능 높이: 20cm, 40cm, 60cm, 80cm, 100cm
③ 부품 : 스패너, 안전핀(높낮이 맞춤), 예비 바퀴

* Platform의 용도

① 각종 연회 행사시 Head Table 무대용
② Fashion Show시 Cat Walk용
③ Special Event시 무대용

④ 대형 Ice Carving Table

⑤ 조명 보조 테이블용(사람이 올라가 조종해야 할 경우)

〈 조립식 무대 형태 〉

이동식 무대 펼치기 전

이동식 무대 펼친 모습

* 조립식 무대 사용방법

– Platform 사용방법 및 취급시 주의사항

① 사용 전에 사용 용도에 적합한가 확인한 후에 사용한다.
② 취급 시 필히 2인 1개조로 편성한다.
③ 운반 시 꼭 붙잡고 1명은 앞에서 1명은 뒤에서 당기며 운반한다.
④ 설치 장소에 도착하여 오른손은 밑을, 왼손은 위를 잡고 오른손으로 양쪽에서 힘껏 당긴다.
⑤ 펴 있는 상태에서 높이를 조정하는데, 1명은 들고 1명은 핀을 갖고 원하는 높이에 맞춘다.
⑥ 높이가 맞으면 바퀴 제어장치를 당겨서 Platform이 움직이지 않도록 한다.
⑦ 수평이 맞지 않을 때에는 스패너를 사용하여 수평을 맞춘다,
⑧ 만일 운반 시 넘어지는 경우는 잡지 말고 옆으로 즉시 피한다.
⑨ 출장 연회 시 바퀴, 제어 핀, 스패너 등 부품 망실에 유의하여야 한다.
⑩ 출장 연회 시 비나 눈에 맞지 않도록 주의한다.
⑪ 조립식 무대 연결 시 테이프를 사용했다면 종료 후 깨끗이 떼어낸다.
⑫ 무대 위에 사용하는 카펫 및 무대용 계단은 맞는 것을 사용한다.

2) Dancing Floor

호텔 연회장 바닥은 카펫으로 되어 있기 때문에 Dancing을 해야 하는 경우 바닥이 미끄러운 재질로 제작된 Dancing Floor를 사용한다. 이와 같은 Dancing Floor는 조립식으로 되어 활용이 편리하도록 되어 있다. 사용방법을 정확히 익혀 설치시 유념해야 한다.

* Dancing Floor의 제원

① 넓이: 90cm(가로)×90cm(세로)
② 용도: 무도회, 무도대회, 각종 여흥 행사시 사용
③ 부품: Trim(알루미늄제재), 볼트 조임핀

Dancing Floor

* 사용방법 및 취급시 주의사항

① 장비취급 전 장갑을 착용한다.

② 필요면적을 산출하여 수량을 결정한다.

③ 운반시 2인 1개조로 하여 Cart를 사용하여 운반한다.

④ 凹凸을 구분하여 바닥에서 Dancing Floor를 조립한다.

⑤ Trim을 암수 구분하여 조립한다.

⑥ 볼트가 나오지 않게 꼭 조인다

⑦ Dancing Floor 바닥에 흠집이 생기지 않도록 유의한다.

⑧ Dancing Floor를 다룰 때 조심해서 다룬다.

⑨ Trim이 분실되지 않도록 한다.

⑩ 사용 후 반드시 Cart에 넣어서 원위치에 보관한다.

3) Dry Ice Machine(Fog Machine)

각종 가족모임과 호텔 기획행사(디너쇼, 패션쇼 등) 때 분위기 연출을 위해 사용하는 기기가 Dry Ice Machine이다. 고급연회 행사를 위해 꼭 필요한 장비이므로 사용법을 숙지하여야 한다.

Dry Ice Machine

(1) 사용방법

① 약 15ℓ 정도의 깨끗한 물(더운 물)을 표준용량인 빨간 눈금이 있는 곳까지 넣는다.

② 5~10kg의 드라이 아이스를 잘게 빻아서 넣는다.

③ 둥근 원형 분사구를 위에 맞추고 양쪽에 있는 고리 4개를 모두 잠근다.

④ 드랩스(Drape's)

(2) 사용상 주의사항

① 과열방지

과열이 되면 전원이 자동적으로 꺼지며 소리가 난다. 이때 온도조절장치 옆에 붙어 있는 빨간 버튼을 누르면 전원이 자동적으로 복구된다.

② 온도조절장치

적당한 온도는 75~85℃이며, 사용 후 반드시 Off 위치에 놓는다.

③ 더운 물 보급

물이 적어 중간에 물을 보급하고자 할 때에는 용량계 위에 있는 틈새로 주전자 등을 이용하여 물을 보급한다.

④ 이동시 주의사항

전원 플러그를 감아 몸체 옆에 있는 고리에 걸고 분사판이 벽이나 기타 물체에 부딪치지 않도록 운반한다.

⑤ 사용 후 주의사항

사용 후 반드시 맨 밑에 있는 손잡이를 틀어 물을 완전히 빼고 Dry Ice 통을 꺼내서 깨끗이 청소한다. 분사구 등은 마른 수건으로 깨끗이 닦는다. 또한 사용치 않을 때는 전원코드를 뽑아 놓아야 수명이 단축되지 않는다.

4) 레드 카펫(Red Carpet)

* 레드 카펫 취급요령

① 운반은 2인 1개조로 할 것

② 용도에 맞는 카펫을 사용할 것

③ 행사종료 후 청소를 하고 말아서 보관할 것

④ 말아서 보관시 양쪽 귀가 맞도록 감는다.

〈표 4-3〉 레드 카펫의 종류와 규격

품 목	규 격	용 도
Red Carpet	4.6×7.16	연회장 무대용 위쪽
〃	3.3×6.46	연회장 무대용 아래쪽
Platform용 Carpet	7×3.4	50cm Platform 5장에 사용
〃	10×3.6	50cm Platform 6장에 사용
〃	10.6×3.6	50cm Platform 11장에 사용
〃	2×2	50cm Platform 2장에 사용
〃	4×10	50cm Platform 11장에 사용
〃	6.5×3.4	50cm Platform 5장에 사용
Reception Line용	12.4×1.5	
〃	1.5×26	연회장 입구용
〃	1.5×8	연회장 입구용
〃	1.5×24	연회장 입구용
〃	1.5×28	연회장 입구용
〃	4.52×6	연회장 입구용

5) 병풍(Holding Screen)

〈표 4-3〉 병풍의 종류와 용도

품 목	규 격	사용용도
송학(그림)	203×12폭	VIP 행사용
송학(그림)	195×10폭	VIP 행사용 연결 그림
송학(그림)	183×8폭	VIP 행사용 연결 그림
산수화	203×12폭	Reception Receiving Line 약혼식용
산수화	195×10폭	Reception Receiving Line 약혼식용
송학(자수)	203×12폭	회갑연, 약혼식 사용
송학(자수)	182×8폭	회갑연, 약혼식시 연결 사용
송학(자수)	182×12폭	회갑연 사용
십장생	182×10폭	일반 행사용
매 화	160×8폭	일반 행사용
공 작	160×8폭	일반 행사용
신선도	182×10폭	일반 행사용

병풍 이미지 1

병풍 이미지 2

* 병풍의 사용방법 및 취급법

① 무리한 힘을 가하지 않는다.

② 운반시 2명이 함께 운반한다.

③ 용도에 맞는 병풍을 사용한다.

④ 사용 후 반드시 제 위치에 갖다 놓는다.

⑤ Backside 등 지저분한 곳에 병풍설치를 하지 않는다.

⑥ 그림부분에 손을 대거나 구두를 신은 채로 발로 차지 않는다.

⑦ 병풍 설치시 연회장 중앙부분에 접은 상태로 가져다 놓고서 서서히 펼친다.

2. 시청각 기자재

현대의 연회행사는 과거에는 상상도 할 수 없었던 첨단과학의 산물인 각종 장비와 기자재들을 활용하여 효율성을 높이고 있다. 회의, 세미나, 워크숍, 연수회, 전시회 등 날로 다양화되어 가고 있는 연회행사에 있어 장비들은 필수적인 요소로 등장하게 된 것이다.

이번 장에서는 여러 종류의 시청각 시설들을 구체적으로 살펴보기로 한다.

1) 오버헤드 프로젝터(Overhead Projector)

투명용지를 사용해서 이미지를 내보내는 장비이다. 이 장비는 여러 프로젝터 중 가장 다루기 쉬운 것으로 각종 행사에 많이 사용되고 있다. 장점은 작동방법이 간단하고 발표자가 장비를 작동하면서 동시에 참석자들을 쳐다 볼 수 있다는 점이다. 단점은 프로젝터에 설치되어 있는 팬(Fan)의 소음이 크다는 것과 단순한 문구나 그래픽 정도밖에 내보내지 못하기 때문에 호소력이 떨어진다는 것이다.

2) 슬라이드 프로젝터(Slide Projector)

계획 · 보고 형식의 모임에 가장 많이 사용되는 프로젝터로서 가장 흔한 모형은 35mm 프로젝터이다. 이것은 2인치 크기 슬라이드 필름을 사용, 한 번에 80개의 필름을 순서대로 상영할 수 있다. 작동방법은 기계에 부착되어 있는 스위치 또는 리모트 컨트롤(Remote Control) 장치를 사용하기 때문에 발표자에게는 작동이 편안한 장치이다. 또한 줌(Zoom)렌즈를 사용할 수 있기 때문에 화면을 확대하거나 축소해서 상영할 수 있는 장점이 있다.

3) 일렉트로닉 화이트보드(Electronic White Board)

이 기계는 화이트보드에 필기된 내용을 받아 적을 때의 불편함을 해소한 것으로 화이트보드에 적혀 있는 내용을 복사하는 기능을 가지고 있다. 그러므로 필기하느라 전체적인 회의의 내용을 이해못하는 단점을 해소한 새로운 장비로 각광받고 있다.

4) 비디오(Video Tape Recorder : VTR)

미팅(Meeting)의 다양화를 가져 온 비디오기계는 여러 용도로 사용된다. 자회사의 홍보, 신상품의 소개, 교육세미나 등에 사용가능하고, 역화면(Play Back)과 녹화가 가능하기 때문에 더욱 능률적이고 미팅을 효과적으로 진행할 수 있다. VTR에는 VHS방식과 Beta방식이 있는데, 최근에는 VHS방식을 많이 사용하는 추세이다.

〈표 4-7〉 VHS비디오 카세트의 종류와 녹화 가능시간

Types of VHS Cassettes	SP Mode	LP Mode	EP Mode
T-160	160min	250min	480min
T-120	120min	240min	360min
T-90	90min	180min	270min
T-60	60min	120min	180min
T-30	30min	60min	90min

〈표 4-6〉 Beta비디오 카세트의 종류와 녹화 가능시간

Type of Cassettes	B-Ⅰ	B-Ⅱ	B-Ⅲ
L-830	N/A	200min	200min
L-750	90min	180min	270min
L-500	60min	120min	180min
L-250	30min	60min	90min
L-125	15min	30min	45min

5) Video Cameras & Meeting Recordings

연회행사나 중요 미팅 같은 경우 그 현장을 녹화해서 보관하는 경우가 흔해지고 있다. 비디오 카메라, 즉 캠코더(Camcoder)를 사용해서 현장을 촬영한 후 VTR을 사용할 수 있는 간편한 방법이 생겼기 때문이다. 최근에 나온 캠코더들은 자동 줌렌즈(Zoom Lens)시스템, 자동조명장치 등으로 화질이 점점 좋아지고 있다. 연회행사 같은 경우는 기념으로 녹화하고, 미팅녹화는 나중에 자료로서 활용이 가능하다는 점에서 그 상품의 가치가 크다.

6) Closed Circuit Television(CCTV)

회의를 각 참가자의 객실에서도 할 수 있도록 케이블(유선)방송을 사용한 CCTV가 있다. 각 객실에 TV를 설치한 후 유선을 사용해서 객실에만 방영하는 장치로서 본 미팅의 시작에 앞서 기본안건 소개라든지 미팅이 끝난 후 마무리 및 다음날 행사일정의 소개 등 다양한 방법으로 사용되고 있다.

방송 장비

7) 마이크(Microphones)

(1) 핸드 마이크(Hand Microphones)

이것은 말 그대로 손에 잡고 사용하는 마이크이다. 보통 회의에서 발표자나 큰 연회행사시 행사진행자가 많이 사용한다. 이것은 유선, 무선 두 가지로 되어 있다.

(2) 소형 마이크(Lavaliere Microphones)

이것은 옷깃이나 가슴에 착용하여 사용할 수 있도록 되어 있는 마이크이다. 따라서 발표자나 사용자가 마이크에 관계없이 자유스럽게 행동할 수 있는 장점이 있다. 그러나 마이크의 성능은 핸드 마이크보다 떨어지기 때문에 수백 명이 참석하는 회의나 모임에는 부적합한 면도 있다.

(3) 무선 마이크(Wireless Microphones)

이것은 선이 없는 마이크로서 핸드 마이크와 라벨러 마이크 두 가지 종류에서도 이러한 마이크가 있다. 이 마이크는 발표자로 하여금 움직이는 데 자유를 주고 회의장 분위기를 더욱 부드럽게 해주는 데 큰 도움이 된다. 모든 무선 마이크는 기본 FM Transmitter방식으로 작동된다. 즉 트랜스미터를 마이크에 부착하거나 따로 허리에 부착해서 송신을 통해 소리를 내는 것이다. 그러나 많은 발표자들은 이 무선 마이크를 싫어한다. 그 이유는 송신이 방해를 받으면 마이크 잡음이 심해지기 때문이다. 그러므로 이 마이크를 사용할 경우, 송신에 방해를 받지 않는 장소에서 사용하도록 해야 한다. 최근에는 이 분야의 기술이 많이 발전되어 잡음이 발생되지 않고 성능도 유선 마이크보다 뛰어난 마이크가 등장하여 많이 이용되고 있는 추세이다.

8) 연회행사와 컴퓨터

최근에는 회의 및 세미나 등의 연회행사에서 컴퓨터 사용이 부쩍 늘고 있다. 큰 전시회나 모임에서는 컴퓨터 프로젝터를 통한 회의진행도 많이 하고 있으며, 작은 사업회의 같은 경우는 퍼스널 컴퓨터를 사업계획발표 같은 용도로도 많이 사용하고 있다. 가장 큰 단점이라면 시설비용이 많이 든다는 것이다. 그러나 미래를 감안한다면 각종 컴퓨터기자재의 확보와 보충이 중요하고 서비스차원에서도 소홀히 해서는 안될 것이다.

9) Audio Visul Equipment

1) Simultaneous Translation-System, 유선 동시통역기, Receiver, W/ Head Phone
2) Projector-Slide 35mm, Zppm Lens, Master Slide, Overhead, Movie(8mm, 16mm, 35mm), Beam
3) Screen-Large Size(480×360cm), Medinm Size(240×190cm), Small Size(180×170cm)
4) VTR-VHS, Wide Screen(72”), Monitor TV, Projetion TV
5) Recorde-Cassette, Open Reel, Open Reel(4track)
6) Lighting-Laser Beam, Stop etc. Pin Spot, Laser Point
7) Microphone-Mike(Wire & Wireless), Delegate Mike, Pin Mike(Wire & Wireless)
8) Mixer(Audio Sys.)-40, 24, 16, 12 Channel

3. 조명 기자재

고정적인 무대가 있는 연회장이나 회의실 같은 경우는 조명장치가 항상 완비되어 있다. 조명장치에도 여러 종류가 있기 때문에 그 용도 및 기능에 대해서 알아본다.

1) 에립소들 스포트(Ellipsoidal Spots)

이 조명장치는 무대의 앞부분을 비추어 주는 조명이다. 즉 무대와 관객이 가장 근접해 있는 무대의 앞에 설치되어 있는 조명을 말한다. 이들은 컬러 필터(Color Filter)를 사용해서 조명의 색깔을 바꿀 수 있도록 되어 있고, 무대를 향해 천장으로부터 45° 각도로 비치도록 되어 있다. 또한 셔터(Shutter)라는 장치로 조명의 모양을 변화시킬 수 있는 기능도 갖추고 있다.

음향 장비

2) 프레스넬 스포트(Fresnel Spots)

이 조명장치는 무대를 전체적으로 비추어 주는 배경조명이다. 컬러 필터 사용이 가능하며 조명의 크기를 렌즈를 사용해 자유롭게 바꿀 수 있다는 특징이 있다.

3) 플로드라이트(Floodlights)

이 장치는 사람보다는 물건을 비추는 데 사용되는 조명이다. 이 조명장치는 보통 렌즈를 갖추지 않고 있지만 컬러 필터 사용은 가능하다.

4) 펠로우 스포트(Follow Spots)

이 장치는 발표자나 연기자에게 비추어지는 조명이다. 이 기계는 전문가가 다루어야 사용이 가능한데, 밝기의 조정이 가능하며 컬러 필터도 사용할 수 있다.

보통 연회장이나 행사장의 맨 뒷부분에 설치되어 있기 때문에 빛의 강도(와트)가 강해야만 한다.

5) 특별 조명장치

특별 조명장치는 무대의 조명뿐만 아니라 행사장의 분위기나 무드를 조성할 수 있는 장치이다. 따라서 연회행사의 흥을 돋아주기 위해서는 다양한 특별 조명장치가 필요하다.

특별 조명장치를 활용한 연회 전경

6) 조명조절장치

고정조명의 조절은 그 행사장이 잘 보이는 곳에 있는 음향기계실 또는 조명실 같은 곳에서 이루어진다. 특히 디머 컨트롤(Dimmer Control)이나 무대조명의 밸런스(Ballance)시스템의 작동은 행사의 성공여부를 결정하기 때문에 아무리 좋은 조명시설을 갖추고 있어도 그 장치를 자유자재로 다룰 수 있는 전문가가 없으면 아무 소용이 없는 것이다.

제3절 기타 소품 및 비품

1. 리셉션기물 및 문구류

1) 연회용 Tray

연회용 Tray는 고객의 음료 및 식료를 서브하는 데 사용하는 중요한 용기이다. 따라서 항상 청결을 유지하고, 사용 후에는 비눗물을 깨끗이 닦아서 건조 후에 보관해야 한다. 연회장에서 주로 사용하는 쟁반의 종류는 재질과 모양에 따라 다음과 같은 것들이 있다.

Tray의 재질은 스테인리스 스틸(Stainless Steel), 플라스틱(Plastic), 실버 또는 양은(Silver)으로 되어 있다.

〈표 4-5〉 연회용 트레이의 종류 및 규격

종류	규격(cm)	사용목적 및 취급법
Round Tray	36	트레이는 고객의 음료 및 식료를 서브하는 중요한 용기이다. 항시 청결을 유지하고 사용 후에는 비눗물을 닦아서 건조 후 보관한다.
Square Tray	51×38	
Restangular tray	38×38	
Oval Tray	48×32	

〈 사각 트레이 이미지 〉

〈 라운드 트레이 이미지 〉

2) 문구류

문구류는 방명록, 메모지, 볼펜, 문구함(필통), 투명 플라스틱 명패 홀더 및 용지, 투명 플라스틱 명찰 홀더 및 용지, 개별 메뉴 홀더 등이 있다.

고급 정찬의 경우 미니 메뉴라고 불리는 개별 메뉴를 테이블 위에 세팅하는데, 참석자들이 그것을 보면서 음식을 즐기기 위한 것이다. 미니 메뉴는 일정한 양식의 종이에 제공될 메뉴를 프린트하여 홀더에 끼워 세팅한다.

2. 국기 게양법

1) 경축행사 등의 경우에 국기의 깃면을 늘여서 달고자 할 경우에는 아래 그림과 같이 깃면 길이의 흰부분만을 길게 하여 이괘가 왼쪽 위로 오도록 한다.

2) 경조일의 게양법

경축일에는 깃봉과 기폭 사이를 떼지 아니하고 게양하며, 조의를 표할 때에는 반기로 한다. 반기는 기폭을 깃봉에서 기폭만큼 내려서 단다.

3) 하나의 태극기만을 게양하는 경우

식장을 향하여 왼편(문안에서 보아 오른편) 또는 중앙에 게양한다. 이미 고정적으로 시설된 게양대가 있을 경우에는 그 고정된 위치에 게양할 수 있다. 차량기는 차량 안에서 보아 바른편에 달며 깃대의 높이는 차량 전면 높이보다 기폭만큼 의 높이로 한다.

4) 두 개의 태극기를 게양하는 경우

좌우측에 따로 띄어서 병립시키거나 교차시킨다. 교차시킬 때에는 단상을 향하여 왼편의 국기(깃대 밑은 오른편)를 밖으로 한다.

5) 태극기와 외국기를 같이 게양하는 경우

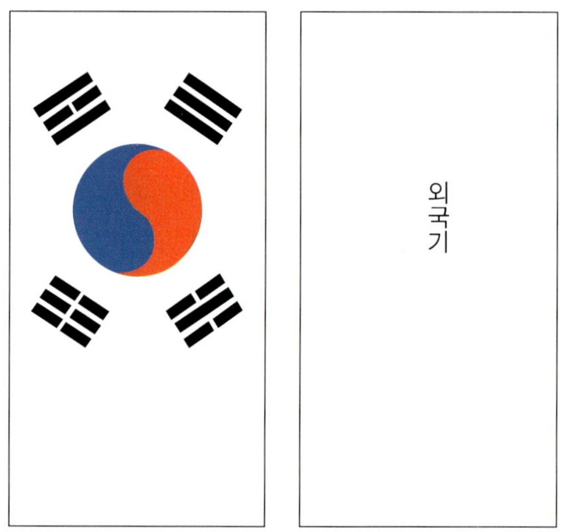

우리나라에서 태극기와 외국기를 병용할 때에는 태극기를 최우선의 위치에 게양하는 것을 원칙으로 한다. 우선, 태극기와 외국기 하나씩을 같이 게양할 때에는 좌우에 따로 띄어서 병립시키거나 교차시킨다. 병립시킬 때에는 태극기는 단상을 향하여 왼편에, 외국기는 오른편에 각각 세운다. 교차시킬 때에는 태극기의 기폭은 단상을 향하여 왼편(문안에서 보아 오른편)에 오도록 하고 태극기의 깃대는 밖으로 한다. 태극기와 외국기를 차량에 게양할 때에는 태극기는 차량 안에서 보아 오른편에, 외국기는 왼편에 오도록 한다.

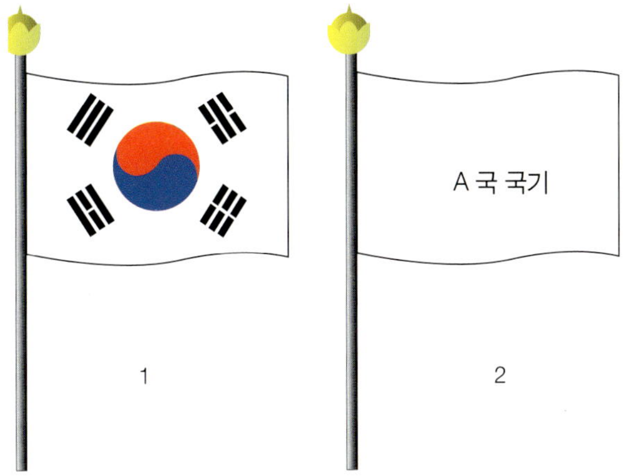

제4절 호텔 연회의 장식

모든 연회는 목적과 성격에 따라 분위기에 알맞게 장식하여야 한다. 환경장식은 국제적인 공식연회라면 그 나라의 국기를 장식하여, 그 나라 사람들의 모럴(Moral)과 프라이드(Pride)를 심어 주어야 할 것이다. 환영만찬일 경우에는 환영

아치를 세운다든가 국호를 써 붙인다든지 하고, 상공인들이라면 실적통계표나 포스터 등이 있을 것이다. 또한 약혼식에는 화사한 장미꽃과 청홍의 촛불장식을 하게 될 것이다. 이 밖에도 여러 가지 행사에 적합한 꽃꽂이 장식, 얼음조각 장식, 인조정원 등등 분위기에 맞는 장식은 연회에 참석한 고객들에게 보다 큰 만족감을 줄 수 있을 것이다. 그 밖에 피로연이라면 즐거운 분위기를 조성하고 신랑, 신부가 축하케이크를 자를 때는 불을 끄고 스포트 라이트를 비춰 준다든지, 사회자의 마이크로폰을 준비한다든지 하면 더욱더 행사의 분위기를 고조시킬 수 있을 것이다.

1. 꽃 장식

1) 연회테이블용 꽃꽂이

꽃꽂이는 대개 Florist에 의해 장식되나, 플로리스트가 없는 호텔에서는 서비스요원이 이를 담당해야 한다. 이때 꽃꽂이는 너무 향기가 짙은 꽃은 사용하지 않으며, 너무 높이 장식하여 상대편 손님과의 대화에 장애가 되지 않도록 해야 한다. 연회테이블용 꽃꽂이 장식은 다음과 같은 원칙과 방법에 의해 이루어져야 한다.

(1) 식탁 꽃꽂이의 기본원칙

- 때(시), 장소, 목적
- 형, 구성, 목적
- 색채, 초점, 균형

이상의 3원칙을 배려하면서 충분히 균형을 감안하여야 한다.

(2) 식탁 꽃꽂이

테이블 꽃꽂이는 그 주위의 테이블 세팅에 잘 어울리는 것이 중요하다. 다시 말해서 테이블 클로스와 접시, 실버 웨어나 글라스 웨어와 마찬가지로 식당 분위기에 잘 맞추어 지극히 자연스럽게 식탁의 미를 나타내야 한다.

(3) 식탁 꽃꽂이의 유의사항

- 꽃을 지나치게 많이 사용하는 것은 좋지 않다.
- 실내향기가 강한 꽃 역시 좋지 않다.
- 시들기 쉬운 꽃은 꽂지 않는다.
- 식사할 때 방해가 될 정도로 높거나 꽃잎이 잘 떨어지는 꽃은 좋지 않다.
- 식탁의 꽃 장식은 어느 쪽에서 보아도 상쾌한 사방형이 좋다.

결혼예식 꽃장식

2) 연회장식용 꽃꽂이

칵테일 파티를 위한 꽃장식은 얼음조각(Ice Caving)을 비롯해서 분위기에 알맞은 화려한 만국기의 장식, 환영아치, 입간판 장식 등을 감안하여야 한다.

오르되브르나 뷔페 테이블 위의 장식은 꽃수반에 침봉을 이용하든가 오아시스를 이용하며, 파티의 성격에 따라 촛대를 사용하기도 하며, 특별한 요리의 실감을 주기 위하여 박제를 사용하기도 한다. 특별히 고전적인 유품이나 고유의 것이 있으면 따라 진열하기도 한다.

2. 얼음조각(Ice Carving)

1) 아이스 카빙 작업방법

먼저 얼음의 특성부터 알아두어야 한다. 얼음은 차갑고, 무겁고, 미끄럽고, 깨어지며 녹는다는 것이 그 특징이다. 이처럼 까다로운 점을 감안하여 작업시에는 이를 다루는 기술과 요령, 그리고 어느 정도의 힘이 필요하다. 미끄럽고 차갑기 때문에 면장갑을 꼭 착용해야 하며, 무겁고 녹기 때문에 털장화 및 안전화를 신어야 한다. 아이스카빙 작업순서는 다음과 같다.

① 행사요구서에 의해 아이스카빙에 대한 요구사항이 있으면 행사의 종류와 특성에 따라 연회예약실과 협의하여 아이스카빙 제작계획을 세운다. 행사 주최측이 요구한 특별한 모양이 있는 경우는 먼저 종이를 이용하여 밑그림을 디자인한다.

② 디자인한 밑그림을 얼음에 옮긴다. 이 때 얼음을 최대한 활용할 수 있도록 얼음 크기를 잘 고려하여 밑그림을 옮겨 그려야 된다.

③ 얼음에 스케치한 후 기계톱으로 필요없는 부분을 쳐낸다. 이때 기계톱은 수직과 수평을 원칙으로 한다.

④ 형태에 맞는 조각도를 이용하여 전체적으로 조금씩 쳐내며 어느 정도의 윤곽을 잡아간다.

⑤ 점차 세밀한 부분까지 완성한 후 삼각도를 이용하여 마무리 터치 및 정리를 하여 완성한다.

⑥ 아이스카빙 조각이 완성되면 물로 깨끗이 씻어낸 후 냉동창고에 보관한다. 이때 쳐낸 얼음조각들이 붙어 있는 채로 냉동되지 않도록 해야 한다.

2) 연회행사장 설치시 유의사항

① 아이스카빙은 상당히 무거우므로 연회행사장에 장식할 때 그 무게는 지탱할 수 있을 정도의 받침대를 사용하여야 하며, 받침대의 겉면은 테이블 크로스나 드랩스를 이용하여 깨끗하고 화려하게 정리하여야 한다.

② 아이스 카빙은 재료가 얼음이므로 상온에서는 녹게 되어 있다. 따라서 녹아내리는 얼음물을 받아줄 수 있도록 아이스 카빙용 받침대를 사용하거나, 고객용으로 사용이 불가능한 각종 클로스를 이용하여 물이 연회장 바닥으로 흘러내리지 않도록 조치하여야 한다.

③ 행사의 종류나 성격에 따라 적정한 위치에 설치될 수 있도록 연회지배인은 사전에 아이스 카빙사와 협의하여야 한다.

④ 아이스 카빙 장식이 효과를 더하기 위해서는 각종 조명기구를 활용하여야 한다. 조명기구를 이용하여 보다 더 환상적인 분위기를 연출하기 위해서는 조명기사와 협의하여야 한다.

⑤ 주최측과 협의하여 주최측이 요구하는 대로 어렵사리 완성된 아이스 카빙이 설치과정에서 소홀히 다루어 깨지는 일이 없도록 조심하여야 한다.

얼음조각 장식 전경

Chapter * 5

연회서비스

Chapter 5
연회서비스

제1절 연회서비스의 개요

1. 연회서비스의 개념과 중요성

1) 연회서비스의 개념

연회서비스는 연회예약에서 넘겨준 연회행사지시서의 내용을 현장에서 집행하는 부서이다.

연회서비스는 일반 레스토랑과는 달리 고객의 요구사항에 따라 사전에 테이블(Table) 세팅 등을 통하여 고객이 식사 또는 회의를 할 수 있도록 연회장을 꾸며야 하고, 고객이 참석하면 식사 등의 서비스를 해야 하며, 행사가 끝나면 다시 연회장을 깨끗이 치워야 하는 등 한 번의 고객 서비스를 위하여 많은 시간과 노력이 필요한 부서이다.

또한 연회서비스의 직원은 연회장에서 모든 종류의 식사가 가능하다는 점에서 한 · 중 · 일 양식의 테이블 세팅 및 서비스가 가능해야 하고, 연회장의 기물 및 장비는 물론 회의에 필요한 각종 기자재를 다룰 줄도 알아야 한다. 이와 같이 연회장 직원은 무에서 유를 창조하고, 식음료를 비롯한 토탈 서비스를 수행하는 전문가로서 연회서비스 지배인을 중심으로 일사불란한 팀워크를 구축하여 행사 준비에서부터 마무리까지 완벽을 기해야 한다.

일본의 경우에는 행사의 연출에만 호텔직원이 담당을 하고, 연회의 서비스는 거의 아르바이트를 고용하고 있다. 우리나라도 현재 연회행사시에 아르바이트를 고용하여 행사를 치르고 있는 실정이나 전문의 지식이 모자라고 흔한 실수를 함으로써 고객으로부터 불평을 사고 있는 경우도 종종 발생한다. 이로써 서비스의 질 저하가 우려되고 있어 회사 및 정부 관계부처의 종합적인 전문 아르바이트의 고용정책도 요구되고 있는 실정이다.

호텔 연회장 전경(양식, Set-up된 모습)

2) 연회서비스의 중요성

연회예약실과 연회판촉부서에서 연회행사를 아무리 잘 유치하여도 당일 연회서비스에서 대고객 서비스에 문제가 발생한다면 다음 연회행사를 유치하는데 어려운 점이 따른다. 일반적으로 고객이 서비스를 구매하여 만족하게 되면 재구매로 이어지고, 고정고객을 확보할 수 있으며, 주변에 좋은 구전을 전파하여 신규고객도 창출되어 결국 매출이 증대된다.

그러나 불만족하게 되면 재구매가 중단되어 고객을 상실하게 되고, 나쁜 구전을 주변에 전파함으로써 잠재고객까지도 상실하게 되므로 매출의 감소를 가져다준다. 따라서 연회서비스 직원은 고객만족 서비스를 위하여 투철한 사명과 서비스정신이 요구된다.

2. 연회서비스의 직무

1) 연회서비스 지배인(Banquet Service Manager)

연회지배인이 연회업무를 잘 수행하기 위해서는 식음료 지식, 각 부서와의 유기적인 관계 정립, 통솔력과 지도력, 투철한 고객환대정신 등이 절실히 요구된다. 주요 직무는 다음과 같다.

① 연회장의 대고객 서비스를 책임진다.
② 연회예약 및 연회판촉과 유기적으로 연락 및 회의를 하여 행사준비 및 진행에 차질이 없도록 한다.
③ 연회행사지시서를 토대로 주간, 월간 준비계획을 수립하고 직원들의 근무 스케줄 작성 및 업무분장을 한다. 스케줄을 짤 때에는 가능한 한 날에 휴무일이 몰리지 않도록 한다.
④ 연회장의 캡틴, 웨이터/웨이트리스, 실습생 등의 부하 직원을 관리 감독하고 교육훈련을 시킨다.
⑤ 고객을 영접 및 환송하고 불편사항을 처리한다.
⑥ 주방과 연회장 직원 사이에 업무협조가 잘 되도록 조정역할을 한다.
⑦ 청소, 수선 등 관련 부서와의 업무협조가 잘 되도록 조정역할을 한다.
⑧ 연회장을 유지 · 관리한다.

2) 연회장 캡틴

연회행사에 따른 서비스계획에 의거 식탁배열과 테이블 세팅 및 연회고객서비스와 행사 후 행사대금 계산에 책임을 지며 개별 연회장의 실제적인 서비스업무를 수행한다. 주요 업무는 다음과 같다.

① 연회서비스 지배인을 보좌하고 부하직원을 지휘한다.
② 연회행사지시서를 토대로 행사준비 및 서비스에 만전을 기한다.
③ 연회서비스를 주도적으로 담당한다.
④ 행사 후 고객의 계산을 처리한다.
⑤ 행사 후 뒤처리와 사후 행사 스케줄에 따라 행사장을 준비한다.
⑥ 일일 매출과 업무일지를 작성한다. 업무일지는 당일 영업상황과 특이한 사항을 기록하여 부서장에게 문서로 보고하는 것이다.

3) 연회장 웨이터/웨이트리스

접객조장을 도와 테이블 배열 및 세팅을 하며 접객조장이 지정해 준 테이블에서 직접 고객서비스를 담당한다. 주요 직무는 다음과 같다.

① 지배인이나 캡틴의 지시에 의하여 행사장 준비를 한다.
② 연회행사지시서에 의하여 테이블 배치 및 세팅 등을 한다.
③ 고객에게 식음료서비스를 한다.
④ 글라스, 도기류, 은기류 등을 닦고, 정리정돈을 한다.
⑤ 연회장 테이블 및 의자 등의 기물을 정리정돈한다.
⑥ 연회 기물 및 비품 등의 파손에 대해서는 보고를 하고 적절히 대처한다.
⑦ 테이블 클로스 등의 리넨을 비롯한 물품을 수급한다.
⑧ 음료를 적정재고만큼 신청하여 보충한다.

제2절 연회서비스 절차 및 서비스방법

1. 연회서비스 절차

Event Order가 현장에 도착하면 연회담당 지배인은 서비스 진행계획, 인원 확보 계획을 수립하여 행사가 성공적으로 이루어질 수 있도록 반드시 아래와 같은 상황을 점검하여 사전 대비하여야 한다.

1) Service 인원 확보

서비스 방법에 따라 다소 차이는 있으나 모든 업무에 숙련된 웨이터가 접객할 수 있는 인원은 보통 10~15명 정도이며 정식(Formal Party)인 경우에는 4~8명이다.

지배인은 연회 성격에 따라 종사원을 확보 배치하여야 한다. 연회부서 인원만으로 부족할 경우에는 식음료부 또는 인사과에 협조 의뢰하여 지원받도록 한다.

* 적정 인원 지원방법

행사 최소 3일 전에 행사 당일 필요한 서비스 인원과 총 매출액을 산출한다.

① Normal Party : 고객 15명당 서비스 1명

② Formal Party : 고객 4~8명당 서비스 1명(중국식, 한식, 일식 포함)

- Party의 종류, 성격에 따라 서비스 인원이 달라짐.

2) Service 진행계획

사전에 알맞은 배역과 서비스 진행계획을 완전히 숙지시킴으로써 연출자와 연기자가 훌륭한 작품을 일사 분란하게 처리할 수 있도록 하는 것이다.

현장에서 접수한 Event Order & Layout을 세부적으로 분류하여 점검하고, 문제되는 사항은 연회예약과와 상의하여 내용을 정확히 파악하여 서비스 진행계획을 수립한다.

① 일시(日時)
② 주최자와 초청받는 손님
③ 연회성격(目的)
④ 참석 인원수
⑤ 일인당 단가(예산)
⑥ 장소 및 정식
⑦ 메 뉴
⑧ 테이블 세팅
⑨ 서비스 방법
⑩ 기타 특별 요구사항(무대장치, Signboard, 특수조명 및 음향)
⑪ 지불 방법

3) Service 준비

Event Order를 기본으로 하여 지배인은 연회가 시작되기 전에 연회의 성격, 메뉴 내용, 테이블 배열, 진행 순서 등을 종사원에게 설명해 주고 서브가 일관성이 있도록 교육을 한다.

① 연회장의 청소(Carpet, 기구, 비품)
② 비품의 파손 확인
③ Linen류의 점검
④ Table-Setting의 점검(Menu와 일치하게)
⑤ Decoration, Yadai, Ice Carving과 그에 따른 장식
⑥ 실내온도, 조명, 음향 관계
⑦ 음악(Piano, Electron)
⑧ 안내판
⑨ 꽃 장식
⑩ 좌석배치도
⑪ Menu Set-up

⑫ 접수 테이블
⑬ Place Card
⑭ Name Card

4) Attend Service

연회가 시작되기 20분 전에 종사원은 각자 맡은 Area에서 대기 자세를 취하며, 지배인, 캡틴은 연회장 입구에서 고객 영접을 기다린다. 연회장에 입장하는 고객에게 착석 보조 등 모든 제반적인 서비스를 할 수 있도록 마음의 자세를 취한다.

5) Table Service

연회의 메뉴는 식당처럼 일품요리(A La Carte)를 서브하는 것이 아니라 동일한 요리(Set Menu)를 서브하기 때문에 연회책임자는 특히 서비스 연출에 운영의 묘를 살려야 한다. 또한 연회장의 전반적인 업무의 흐름을 보아 진행사항 등에 관해서도 주방과의 긴밀한 협조가 이루어질 수 있도록 한다.

6) 연회중 Service

① 늦게 도착한 고객의 영접을 위한 서비스
② 예정시간보다 먼저 퇴장하는 고객을 위한 서비스
③ Speech Service
④ 전화 서비스
⑤ 공조 상태 및 음향, 조명 관계
⑥ 귀중품 도난사고 등 사전 예방에 관한 서비스

7) 연회 종류 후 Service

① 연회장 출구에 정렬하여 고객 환송
② 주최자 측으로부터 요리 및 서비스에 대한 의견 청취

③ 파티에 반입된 각종 물품 유무 확인
④ 고객의 분실물 점검

8) 정산

Event Order를 참고하여 Bill을 작성하고, 추가 발생한 식음료를 확인하여 최종 Bill을 완성시킨다. Cashier에 의하여 완성된 Bill을 고객에게 제시하고, 현금 또는 신용카드, 후불 등으로 분류하여 최종 Bill을 Cashier에게 통보한다. 후불일 경우에는 주최자의 연락처, 회사명을 정확하게 파악하여 Cashier를 경유 후불 담당계로 통보한다.

9) 마무리 작업

① 입구에 설치한 접수 테이블, 전화기 제거 및 철거
② Red Carpet, Ice Carving 철거
③ Cloak Room의 보관증 유무 확인
④ 각종 집기류, 장비 등 관리상태 점검
⑤ 내일 업무에 대비한 서비스 맨 스케줄 및 E/O 점검
⑥ 화재 예방, 쓰레기 처리 등 최종 점검

2. 메뉴별 구체적 서비스의 절차

1) 양식(Normal Party)

순위	메 뉴	항 목	서비스 실시계획	사용기물
1		고객입장	고객 입장시 정중히 인사드리고 착석하도록 도와드린다.	
2	White Wine	Wine Serve	Head Waiter의 신호에 의해서 Host Taste가 끝난 후	Hand Towel 착용
3	Appetizer	Appetizer Serve	처음 동작은 Head Table과 같이 보조를 맞추어 Serve한다.	Tray

순위	메 뉴	항 목	서비스 실시계획	사용기물
4	Bread	Bread Serve	Bread Basket & Tray를 준비하여 고객의 왼쪽에서 Serve.	Bread Basket
5		App-Plate Pick-up	App-Plate를 고객의 왼쪽에서 뺀다.	Tray
6	Soup	Soup Bowl or Cup Set-up	뜨겁게 데워진 Soup Bowl or Cup을 고객의 오른쪽에서 Set-up.	Tray
7		Soup Serve	Soup Tureen, Soup Ladle을 사용하여 왼쪽에서 Serve	Soup Tureen
8	Salad	Salad Serve Soup	고객의 왼쪽 공간에 Salad Serve	Tray
9		Bowl or Cup Pick-up	Salad Serve 후 Soup Bowl or Cup Pick-up	tray
10	Maindish	Maindish Serve	Maindish를 고객의 오른쪽에서 정중히 Serve하며 [맛있게 드십시오]라고 인사한다.	Hand
11		Maindish, Salad Bowl Pick-up	고객의 오른쪽에서 Tray를 이용하여 소리가 나지 않게 조용히 뺀다.	Tray
12	Dessert	Dessert Serve	Dessert를 고객의 오른쪽에서 Serve한다.	Tray
13	Coffee or Tea	Coffee or Tea Serve	Speech가 없을 때는 Dessert Serve 후 Coffee Serve를 가급적 빨리 한다.	Coffee Pot

* 참고사항

① Back Side Mis-en-Place 및 Table Set-up은 행사 1시간 전까지 완료한다.

② Table Set-up 및 기타 사항은 고객의 원하는 방향대로 하되, 주최측과 협의하여 한다.

③ Normal 행사인 경우 Ice Water, Bread 등은 사전에 준비하여도 되나, 고객수보다 Table Set-up이 많은 경우 고객 입장 후 Serve한다.

④ Back Side에서는 Dish, 각종 Sauce류, Serving Gear, Hand Towel, Service

Tray, Soup Ladle, Coffee Pot, Water Pitcher 등을 충분히 준비한다.

⑤ Serve 도중 고객의 요청 사항은 즉시 실시한다.

⑥ 담당 지배인 및 캡틴은 사전에 항상 스케줄을 체크하고 행사준비에 만전을 기한다.

2) 양식(Full Course) Russian Service

순위	메뉴	항목	서비스 실시 계획	사용기물
1		예행연습	2 Table을 1개조로 편성하여 각 조의 Serve 동선 및 Service 예행 연습	
2		고객입장	담당 구역 내 Place Card를 확인하여 고객을 자연스럽게 착석을 권하며 도와준다.	
3	White Wine	Wine Serving	Host Tasting 후 Head Waiter 신호에 의하여 일제히 Serve한다.	
4	Appetizer	App. Serving	H/W 신호에 의하여 동시에 입장하여 Serve. 계속하여 Serve한 후 W/Wine을 추가 Serve.	Plate Serve
5		App. Plate Pick-up	다 드신 App. Plate를 고객 오른쪽에서 뺀다.	Tray
6	Soup	Soup Cup or Bowl	메뉴에 따라 따뜻하게 데워진 Soup Cup or Bowl을 갖고 고객의 오른쪽에서 Set-up한다.	Cup-Tray Bowl-Hand
7		Soup Service	고객의 왼쪽에서 Soup Tureen과 Ladle을 사용하여 Soup Serve, Soup이 뜨거우므로 조심해서 Serve한다.	Soup Tureen, Ladle
8	Bread	Bread Serving	Hard Roll, Soft Roll, French Bread 등 사전에 준비한 Bread를 고객의 취향에 맞게 Serve하고 남는 것은 Table 위에 놓고 나온다.	Bread Basket, Tray

순위	메 뉴	항 목	서비스 실시 계획	사용기물
9		Soup Cup or Bowl Pick-up	Soup Cup or Bowl을 고객의 오른쪽에서 뺀다.	Tray
10	Fish	A조 : Fish Plate B조 : Fish Serve	A조 : Fish Plate를 고객수 만큼 Set-up. 10명이 넘을 때는 두번. B조 : Escoffier에 담겨진 Fish를 10인분씩 Serve.	Hand Serving Gear
11		Fish Plate Pick-up	고객의 오른쪽에서 뺀다.	Tray
12	Sherbet	Sherbet Serving	Dry Ice, Artichoke를 준비하여 더운물을 Dry Ice Bowl에 부어서 김을 낸 후 Serve.	Tray
13		Sherbet Bowl Pick-up	고객의 오른쪽에서 뺀다.	Tray
14	Red Wine	Red Wine Serving	Host Tasting 후 Head Waiter신호에 의하여 일제히 Serve.	
15	Maindish	A조 : Main Plate	A조 : Main Plate 고객수 만큼 Set-up. B조 : Escoffier에 담겨진 Steak를 왼쪽에서 Serve.	
16	Salad	A조 : Salad. B조 : Salad Dressing	A조 : 고객의 왼쪽에서 Salad Serve. B조 : 고객의 왼쪽에서 Dressing Serve.	Tray
17		Mainplate Pick-up Salad Bowl B/B Plate, Butter Bowl	[맛있게 드셨습니까]라고 여쭙고 고객의 오른쪽에서 조용히 뺀다. 이때 기물소리가 너무 시끄럽지 않도록 주의한다. 모든 기물은 전부 뺀다(Water Goblet, Wine Glass 제외).	Tray
18	Cleaning	Table Cleaning	Crumb Sweeper를 사용하여 Table 위의 빵가루 기타 오물 등을 청소한다.	Crumb Sweeper
19	Dessert	Dessert Serving	고객의 오른쪽에서 Dessert Serving.	Tray

순위	메 뉴	항 목	서비스 실시 계획	사용기물
20	Champagne	Champagne Serving	샴페인은 Host의 Tasting을 하지 않으므로 Head Waiter 신호에 의하여 동시에 Serve한다.	
21	Speech		Host의 Speech가 시작되면 H/W, Captain을 제외한 전직원은 조용히 Back Side에서 대기	
22	Coffee or Tea	A조 : Coffee cup Set-up B조 : Coffee or Tea Serving	A조 : 따뜻한 Coffee Cup을 고객 수만큼 Set-up. B조 : Coffee Pot를 사용하여 Coffee or Tea를 Serve.	Tray Coffee Pot
23	대 기		Head Waiter, Capt 및 일부 직원을 제외하고는 Back Side 정리 정돈	
24	환 송		전직원 입구에 도열하여 고객에게 감사함을 표시한다.	

* 참고사항

① Back Side 준비 및 진행사항은 Normal Party 준비와 동일하다.

② Table Set-up시 Ashtray, Toothpick은 Set-up하지 않고 Main Pick-up 후 Passing한다.

③ 소규모 연회, VIP 행사인 경우 Double Underline을 사용한다.

④ 특히 VIP 행사시는 Side Table을 활용하여 신속한 Service를 할 수 있도록 한다.

3) 중국식(Chinese Food Party)

중국식 요리 Serve는 주로 Russian Service 형태로 이루어지며, 뜨거운 불에 많은 기름을 사용하여 음식을 조리하기 때문에 요리 만드는 시간과 Serve 시간을 잘 파악하여 신속히 Serve하여야 한다.

순위	메 뉴	항 목	서비스 실시 계획	사용기물
1	냉채	냉채 Serving	Normal 행사시는 사전에 냉채 접시 Set-up 후 Passing. Deluxe 행사시는, 일인분씩 담아서 Serve or Passing.	
2		냉채 Plate Pick-up	냉채접시를 빼고 Soup Cup을 밑으로 당겨 놓는다.	
3	제비집 수프	수프 Serving	Soup Tureen, Ladle을 사용하고 고객의 왼쪽에서 Serve.	Soup Tureen
4		Soup Bowl Pick-up	고객의 오른쪽에서 Soup Bowl Pick-up	Tray
5	상어지느러미찜	상어지느러미 Serving	Sauce가 흐르지 않도록 천천히 Serve.	Tray
6		Bonedish Set-up	상어지느러미 Dish를 빼면서 따뜻한 Bonedish(코스용 접시)를 고객의 오른쪽에서 Set-up.	Tray
7	바닷가재와 고추소스	바다가재 Passing	Normal 행사인 경우 Bonedish 위에 2가지 코스 정도를 담아 드리고, Deluxe 행사인 경우 1코스에 1번씩 Passing.	Serving Gear
8		Bonedish Set-up & pick-up	바닷가재 Dish를 빼고 새로운 접시 Set-up.	Tray
9	쇠고기 해삼찜	쇠고기 해삼찜 Passing	쇠고기 해삼찜을 1인분씩 Passing 한다.	
10		Bonedish Set-up & pick-up	쇠고기 해삼찜 접시를 빼고 새로운 접시 Set-up	
11	북경오리	북경오리 Passing 북경오리 Pick-up	북경오리밀쌈의 내용물이 흩어지지 않게 천천히 Passing. 북경오리 드신 접시를 뺀다.	
12	기스면	기스면 Serving	그릇이 크고 국물이 많기 때문에 고객에게흘리지 않도록 천천히 안전하게 Serving한다.	Tray
13	리찌두부	Dessert Serving	기스면 Bowl을 빼고 난 후 Serving	

* 참고사항

① Back Side 준비 및 진행사항은 Normal Party 준비와 동일하다.

② Table Set-up시 Ashtray, Toothpick은 Set-up하지 않고 Main Pick-up 후 Passing한다.

③ 소규모 연회, VIP 행사인 경우 Double Underline을 사용한다.

④ 특히 VIP 행사시는 Side Table을 활용하여 신속한 Service를 할 수 있도록 한다.

4) 한국식(Korean Food Party)

한국식 요리는 우리가 늘 접하는 요리라 생각하고 쉽게 생각하는 경향이 있다. 그러나 한식요리는 생각보다 복잡하고 모르는 사항이 수시로 발생한다.

예전에는 푸짐하게 음식을 차려 놓고 진지와 탕만 Serve하였는데, 최근에는 한식도 양식처럼 밑반찬 몇 가지만 준비하여 놓고 요리 순서대로 Serve하는 방식이 보편화되어 있다.

순위	메 뉴	항 목	서비스 실시 계획	사용기물
1	기본찬	기본찬 Set-up	간장, 초간장, 초장, 물김치, 깍두기, 백김치, 김, 이색나물 등을 순서에 맞춰 스푼이 가는 쪽을 오른쪽으로 하여 잘 정돈하여 Set-up한다.	Tray
2	수삼과 꿀	수삼과 꿀 Serving	수삼은 왼쪽에, 꿀은 오른쪽에서 놓는다.	Tray
3	구절판	구절판 Serving	수삼과 꿀접시를 치우며 구절판을 Serving한다.	Tray
4	잣죽	잣죽 Serving	잣죽 Spoon을 Serving하면서 구절판을 뺀다. 특히, Spoon Serve를 잊어서는 안 된다.	Tray
5	전복초, 대하찜	전복초, 대하찜 Serving	대하찜과 전복초는 식으면 제맛이 나지 않으므로 식기 전에 즉시 Serve한다.	

순위	메 뉴	항 목	서비스 실시 계획	사용기물
6		Bonedish Set-up	대하찜 접시를 제거하면서 신선로 Side 접시를 Spoon과 함께 Serve한다.	Tray
7	신선로	신선로 Serving	신선로는 뜨겁기 때문에 반드시 장갑을 착용하고 Service Cart를 이용하여 Serve하며, 고객에게 피해를 주지 않도록 천천히 Serve한다. 이때 Room Dimmer(조광기)를 이용해 조도를 낮추고 Serve하면 훨씬 운치가 있다.	Service Cart
8		신선로 Pick-up	충분한 시간적 여유를 갖고 대기하다가 H/W 신호에 의하여 뺀다.	Cart
9	갈비찜	갈비찜 Serving	찜기에 담긴 갈비를 Serving	Tray
10	너비아니	너비아니 Serving	너비아니를 Serve하며 갈비찜을 뺀다.	
11		너비아니 Pick-up	너비아니 Dish Pick-up.	
12	진지와 탕	진지, 탕 Serving	진지, 탕 동시에 Serving	
13		All Dish Pick-up	물잔을 제외한 모든 접시 Pick-up	Tray
14	Dessert	Dessert Serving	Dessert, Fork, Spoon Course에 맞게 Serving.	
15	인삼차	인삼차 Serving	꿀과 함께 Serving.	

* 참고사항

① 중국인과 동일하며 철저하게 준비한다.

② 외국인 고객에게는 양식 Fork, Knife를 제공하여 식사의 편의를 제공한다.

③ 물수건은 청결하게 준비하여 서비스한다.

Chapter * 6

연회테이블 배치계획

Chapter 6
연회테이블 배치계획

제1절 테이블 배치 종류

연회행사에 있어서 의자 및 테이블의 배열은 장소와 분위기에 알맞게 해야 하며, 특히 연회장의 공간을 최대한 활용하여야 한다. 연회의 성격에 따라서 의자와 테이블의 배치가 달라지므로 어떻게 하는 것이 가장 적합하며 효율적인가를 서비스 담당자는 판단을 하여야 한다.

1. 세미나·포럼 스타일

1) 극장식 배치(Theater Style)

위치가 극장식으로 배열될 경우 의자와 의자 사이를 공간이라 부르며, 의자의 앞줄과 뒷줄 사이를 간격이라 한다. 연설자의 테이블 위치가 정해지면 의자의 첫 번째 줄은 앞에서 2m 정도의 간격을 유지하고, 400명 이상의 홀 좌석 배치는 통로 복도가 1.5m 넓이의 간격을 유지하도록 하며, 소연회일 경우는 복도 폭이 1.5m가 되도록 하나, 의자의 배치를 똑바로 하기 위해서는 긴줄을 이용하여 가로, 세로를 잘 맞춘다.

Class Room Style 학교 교실형 예시

2) 강당식 반원 배치(Auditorium, Semicircular, Center Aisle)

무대의 테이블은 일반 배열과 동일하나 의자를 배열하는데 있어서는 무대에서 최소 3.5m 간격으로 배열하고, 중앙 복도는 1.9m 간격을 유지하여 놓고 의자를 양쪽에 한 개씩 놓아서 간격을 조절하여야 한다. 이러한 의자 배열은 큰 공간을 차지하기에 많은 인원을 수용하는데 어려움이 따른다.

3) 강당식 굴절형 배치(Auditorium, Semicular with Center Block And Curved Wings)

강당식 반월형 배치와 같으나 옆면을 굴절시킨다. 맨 앞 가운데 테이블은 나란히 배열하여 홀 내의 의자 8~9개로 배열하며, 양측 복도는 1.2m 간격을 유지토록 한다.

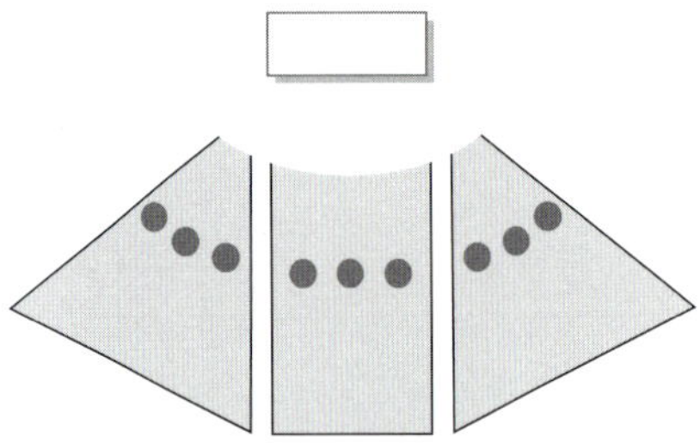

강당식 반월형

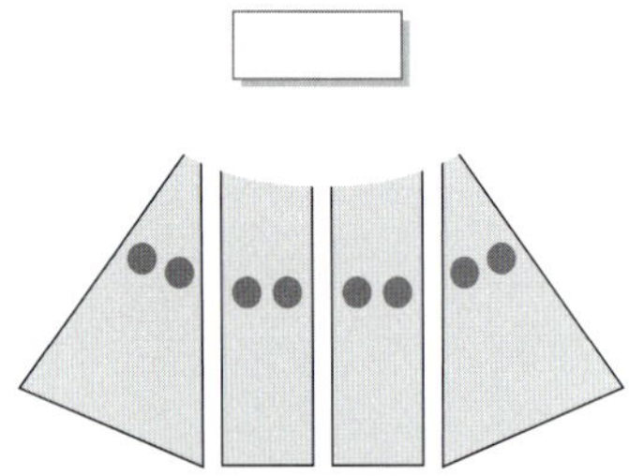

강당식 굴절형

4) 강당식 V형 배치(Auditorium V Shape)

첫 번째 2개의 의자는 무대 테이블이 가장 자리에서 3.5m 간격을 유지하여 의자를 일직선으로 배열하고 앞 의자는 30° 각도로 배열하여야 한다. V자형의 강당식 회의 진행은 극히 드문 편이나, 주최측의 요청에 따라 배열한다.

2. 원형 테이블(Round Table Shape)

원형 테이블(Round Table Shape) 예시

많은 인원을 수용하여 식사와 함께 제공하는 디너쇼나 Fashion Show 등의 테이블을 배치할 때 많이 쓰이며, 테이블과 테이블 간격은 3.3m 정도, 의자와 의자 사이의 간격은 90cm 정도로 하고, 양쪽 통로는 60cm 공간을 유지하도록 한다. 테이블은 무대를 중심으로 중앙 부분을 고정한 뒤 앞줄부터 맞추면서 배열하면 되나 뒷줄은 앞줄의 중앙부분이 보이도록 지그재그식으로 맞춘다. 원형 테이블은 2 ~ 14인용까지 있다.

3. Buffet 및 Cocktail Reception Table 배열

- 타원형(Circular)
- 양머리형(Lamb's Head)
- 멍에형(Yoke)
- 목걸이형(Necklace)
- 들뿔소형(Bison's Horns)
- 심장형(Heart)

상기와 같은 형식이 있으나 무엇보다도 연회장에 가장 잘 맞는 이상적인 형태를 사용하는 것이 제일 좋은 방법이다.

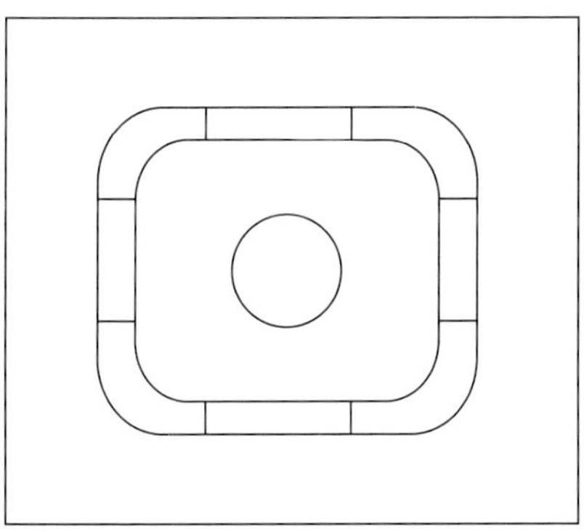

타원형

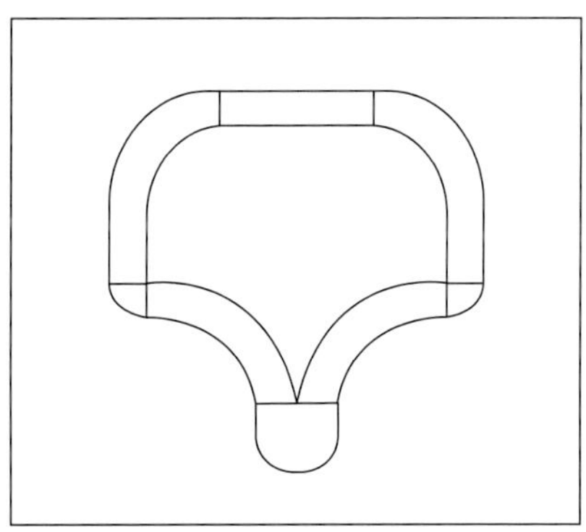

멍에형

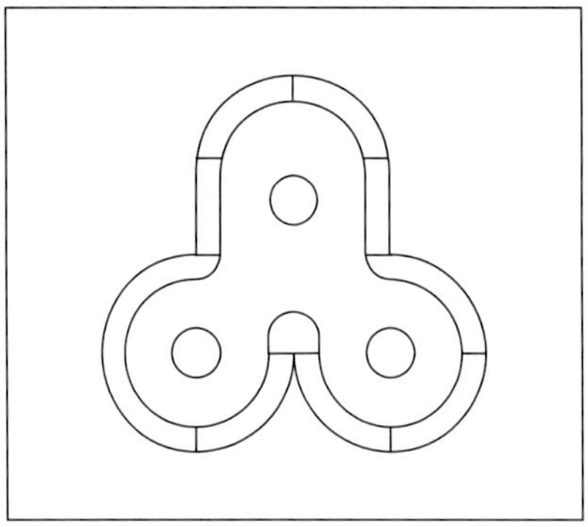

양머리형

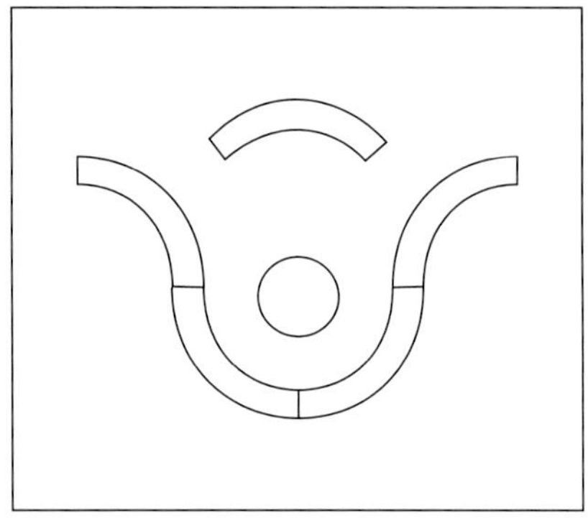

목걸이형

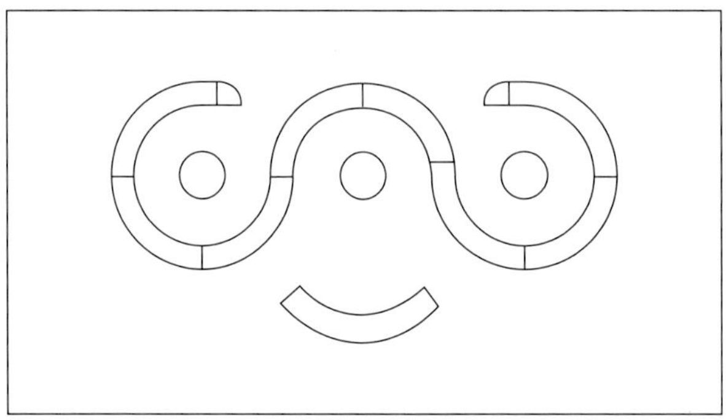

들소뿔형

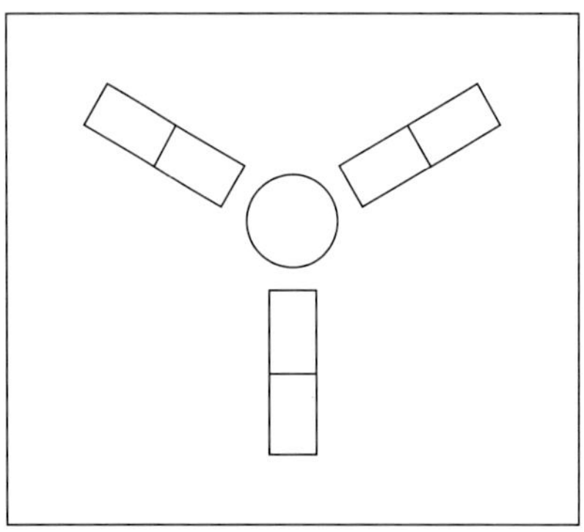

Y자형(Y. Shape)

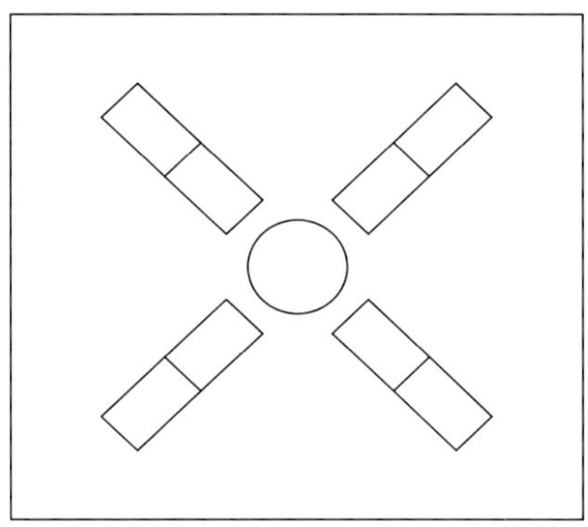

X자형(X. Shape)

4. 기타 테이블 배열

1) U형 배열(U-Shape)

U-Shape 전경 예시

U형에서는 일반적으로 60"×30"의 직사각형 테이블을 사용하는데, 테이블 전체 길이는 연회행사 인원수에 따라 다르며, 일반적으로 의자와 의자 사이에는 50~60cm의 공간을 유지하며 식사의 성격에 따라서 더 넓은 공간을 필요로 할 경우도 있다. 테이블 클로스는 양쪽이 균형있게 내려와야 하며, 헤드 테이블 앞쪽에는 드랩스를 쳐서 다리가 보이지 않게 하여야 한다.

2) E형 배열(E-Shape)

U형과 똑같은 배열방법을 취하나, E형은 많은 인원이 식사를 할 때 이용되며 테이블 안쪽의 의자와 뒷면 의자의 사이는 다니기에 편리하도록 120cm 정도의 간격을 유지하여야 한다.

3) T형 배열(T-Shape)

이 형은 많은 손님이 Head Table에 앉을 때 유용하다. Head Table을 중심으로

T형으로 길게 배열할 수 있으며 상황에 따라서 테이블의 폭을 2배로 늘릴 수 있다. T형 배치도 V형 배치와 마찬가지로 Head Table 앞부분에는 드랩스를 쳐서 다리를 가리도록 한다.

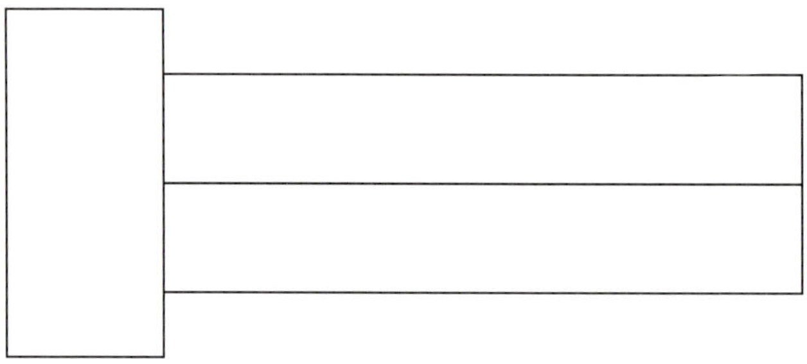

T-Shape 예시 모형

4) I형 배열(Oblong-Shape)

예상되는 참석자 수에 따라 테이블을 배열하며, 60"×30", 72"×30" 테이블을 2개 붙여서 배치하는데, 의자와 의자의 간격은 60cm의 공간을 유지하도록 하며 특히 고객의 다리가 테이블 다리에 걸리지 않게 유의한다.

I형 배열(Oblong-Shape) 전경 예시

5) Oval형 배형(Oval Shape)

I형 테이블 모형과 비슷하게 배열하나, Oval형은 양쪽에 Half Round를 붙여 사용한다.

Oval형 배형(Oval Shape) 전경 예시

6) 공백 사각형 배열(Hollow Square)

U형 테이블 모형과 비슷하게 배열하나 테이블 사각이 밀폐되기 때문에 좌석은 외부쪽에만 배열하여야 한다.

공백 사각형 배열(Hollow Square) 전경 예시

7) 공백식 타원형 배열(Hollow Circular)

이 테이블은 Horse Shoe형과 같게 배치하며, 끝부분만 2개의 Serpentine으로 덧붙여 양쪽을 밀폐시킨다.

공백식 타원형 배열(Hollow Circular) 전경 에시

6) 말굽 좌석형 배열(Horse Shoe)

U형과 같이 배치하여 양쪽 귀퉁이 테이블 끝부분에 반월형 테이블(Serpentine)을 배열한다. 좌석은 외부쪽에서만 배열하며 안쪽으로 드랩스를 쳐 주어야 한다. 굴절되는 부분을 처리하는데 약간의 어려움이 있으므로 테이블 클로스를 잘 조정하여야 한다.

제2절 좌석배치

1. 주빈이 없는 경우 (부부 동반일 경우)

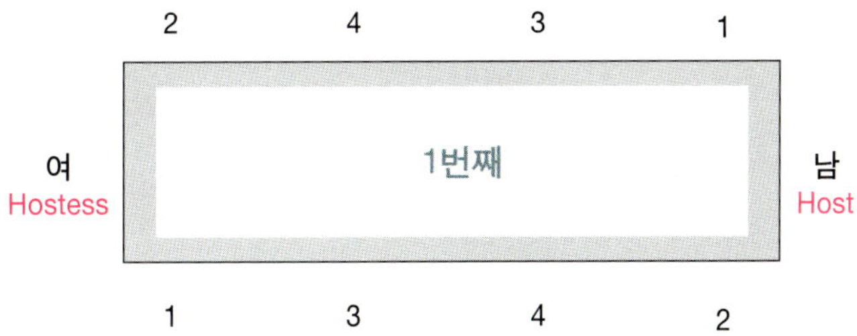

2. 주빈이 있는 경우

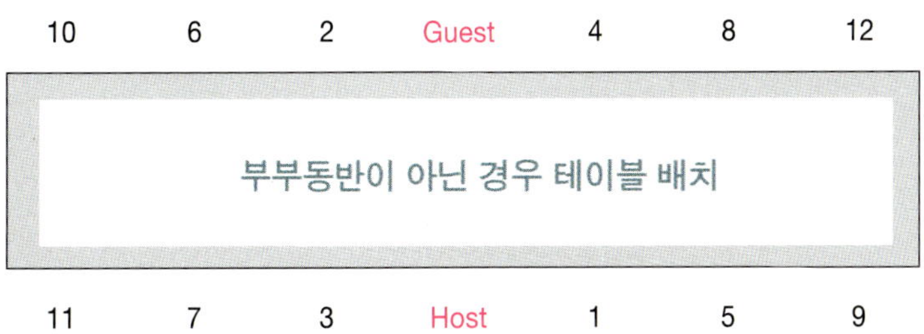

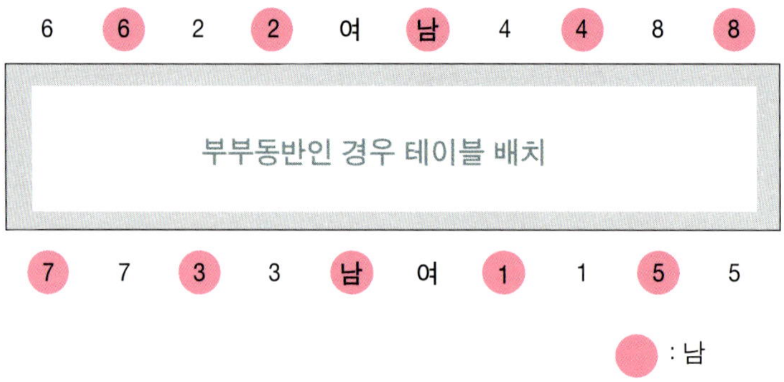
6 6 2 2 여 남 4 4 8 8
부부동반인 경우 테이블 배치
7 7 3 3 남 여 1 1 5 5
: 남

Chapter * 7

출장연회 및 가족모임

Chapter 7
출장연회 및 가족모임

제1절 출장연회

출장연회란 서두에서도 말했듯이 고객이 원하는 장소나 시간에 따라 행하여지는 행사이며, 요리, 음료, 식기, 테이블 등 모든 호텔 기물을 고객이 원하는 장소에 운반하여 고객이 만족할 만한 연회행사를 실시하는 것이므로 출장연회 담당자는 아래와 같은 사항을 숙지하여 차질이 없이 훌륭한 행사를 진행하여야 한다.

1. 현장 답사(Survey)

고객이 원하는 장소에 직접 가서 다음과 같은 요령으로 현장을 세밀히 답사한다.

* 현장 답사시 지참물 : 줄자, 노트, 펜

1) 소요시간 및 차량운행 코스(주차장) : 도로사정을 감안하여 시간을 계산하고, 안전한 도로를 운행토록 코스를 계획한다.

2) 장비 및 비품 하역 장소 및 엘리베이터 사용 여부 : 대규모 연회행사시 장비 하역대 제작여부, 장비 운반 계획 수립

3) 연회장내 전기, 수도 및 주방 시설 유무 : 110V, 220V 등 호텔용품과 다른 전기방식 및 주방 사용가능 여부 확인

4) 연회장 신축 및 간단한 도면 작성 : 실제적인 도면 작성, 연회장과 맞는 테이블 배치

5) 서비스 요원 대기장소 및 Back Side : 연회장비 보관장소 및 빈그릇 치울 장소 확보

6) 야외 행사시 우천 대비책 : 우천시 계획, 텐트 설치 가능 유무

2. 행사계획서 작성(세밀하게 기재할 것)

1) 차량 요소 및 운행계획(철수계획 포함)

2) 장비, 집기 비품 산출

3) 인원 확보 계획(차량 배차시 활용)

4) 서비스 계획(행사 일시, 장소, 인원수, 형식)

5) 숙박비, 인건비 및 기타 출장 소요경비 계획(매출 대비)

6) 도면 작성(간단하면서도 간략하게)

3. 반출증 작성

1) 필요 수량을 정확히 산출하여 적는다.

2) 사전 결재를 받을 것

3) 행사 종료 후 귀사시 반입증 회수하여 반출부서에 보관, 관재과 회송을 분리하여 보관한다.

반출확인증

관재과 보관용 No.

품 명	규 격	수 량

상기 품목의 반출을 허가함.

1. 반출사유 :
2. 반 출 처 :
3. 반출일자 : 198 . . .
4. 반입예정일자 : 198 . . .
5. 반출부서 : 부 과장 ㊞
6. Chief Steward : ㊞
7. 발행부서 : 관리부 관재과장 ㊞

호텔롯데

반출, 반입확인증

반출부서 보관용 No.

품 명	규 격	수 량

상기 품목의(반출, 반입)을 확인함.

1. 반출사유 :
2. 반 출 처 :
3. 반출일자 : 198 . . .
4. 반입예정일자 : 198. . .
5. 반출부서 : 부 과장 ㊞
6. Chief Steward : ㊞
7. 발행부서 : 관리부 관재과장 ㊞

호텔롯데

반출, 반입확인증

경비과 보관용 No.

품 명	규 격	수 량

상기 품목의(반출, 반입)을 확인함.

1. 반출사유 :
2. 반 출 처 :
3. 반출일자 : 198 . . .
4. 반입예정일자 : 198 . . .
5. 반출부서 : 부 과장 ㊞
6. Chief Steward : ㊞
7. 발행부서 : 관리부 관재과장 ㊞
8. 확인일자 : 198 . . .
9. 확인부서 : 총무부 경비과

	시간	확인자성명	sign
반출			
반입			

호텔롯데

반입확인증

관재과 회송용 No.

품 명	규 격	수 량

상기 품목의 반입을 확인함.

1. 반입사유 :
2. 반 입 처 :
3. 반출일자 : 198 . . .
4. 반입예정일자 : 198 . . .
5. 반입부서 : 부 과장 ㊞
6. Chief Steward : ㊞
7. 발행부서 : 관리부 관재과장 ㊞
8. 확인일자 : 198 . . .
9. 확인부서 : 총무부 경비과

	시간	확인자성명	sign
반출			
반입			

호텔롯데

〈BANQUET CATERING SERVICE EQUIPMENT〉

ITEM	QTY:	RE	ITEM	QTY:	RE	ITEM	QTY	RE
PLAT WARE			Single Vase			**TABLE**		
Meat Fork/Knife			Lemon Squeezer			Rectangles 18"×72"		
APP Fork/Knife			Cleaner			〃 30"×72"		
Soup Spoon			Salt/Pepper(Dx/Nor)			〃 18"×60"		
Bouillon Spoon						〃 30"×60"		
Salad Fork			Dinner Spoon(한식)			Round 45"		
Fish Spreader/Fork			Desset Spoon(한식)			Round 54"		
Tea Spoon			Chopstick(한식)			Round 60"		
Dessert Spoon			Desset Fork(한식)			Round 72"		
Butter Spoon			Chopstick Rest(한식)			Quarter Round		
Buffet Tong			**CHINA WARE**			Half Moon Round		
Buffet Long Spoon			Meat/ App Plate			Crescents		
Table Spoon			Dessert/ B.B Plate			Square		
Dinner Fork			Soup Bowl			Extra Round		
Water Pitcher			Soup Cup/ Saucer			Crescent		
Soup Ladle/Tureen			Coffee Cup/ Saucer			Square		
Butter Bowl			Salad Bowl/Sauce			Extra Round		
Wine Cooler/Stand			Tea Cup					
Tea Pot/ Milk Jag			**GLASS WARE**			교자상		
Sauce Ladle/ Boat			Water Goblet(Dx/Nor)			헌주Set(주전자/헌주잔)		
Sugar Ladle/Sugar			Red Wine(Dx/Nor)			Sauce Bottle Set(중식)		
Crumb Sweeper			White Wine(Dx/Nor)			Chopstick Rest(중식)		
Candle Stand 3A/5A			Champagne(Dx/Nor)			Spray		
Cadle			High Ball			Stacking Chair		

Arm Chair			Square Tray			Individual Menu		
Arm Chair(White/Brwn)			Ashtray(Square)			Bill		
Easy Chair			Stand Ashtray			Red Carpet		
			Stand Astray			屋台(Yadai)		
LINEN			Rope Stand/Rope			Plat Form(20cm/60cm)		
Cloth 200×200			Bread Basket			Dancing Floor		
〃 245×245			Spot Light/Stand			Steps		
〃 260×260			Spot Filter			Extention Cord		
〃 230×230			Podium(White/Brown)			Hanger Rack		
Round 300			Podium(Single)			Hanger		
〃 330			Dry Ice Machine /Dry Ice					
Long 260×880 (청와대)			Ice Carving Stand			Tent(L)/Pole		
〃 150×880			Ice Cube w/Bin Trolley			Blue Tent /Pole		
〃 230×880			Hot Towel Warmer			Parasol Set		
Napkin(White)			Dish Warmer			PVC Chair		
〃 (Red)			Coffee Container					
Drapes(White)			Coffee Pot(32oz)			**CONSUMTION(ITEM)**		
〃 (Pink)			Thermos Bottle(보온병)			High Pin/Press Pin(압정)		
Melton			Folding Screen(병풍)			Masking Tape(White)		
Lace						〃 (Red)		
Sibory			White Board			Match		
			Flip Chart			Tooth Pick/Holder		
MISCELLANEOUS			Sign Board Easel			Color CKT Pick		
Lottery Box			Number Tag/Stand			Pepper Cup(L/S)		
Decoration Box			Name Card Holder			Paper Napkin		

Round Tray			Coat Tag			Wooden Chopstick		
Aluminum Plate			Cake Box(L/S)			Vinyl Envelope(Black)		
PVC Spoon/Fork			Cake Ribbon			A-1/Hot/Tabasco Sacuce		
PVC Tea Spoon			Cake Knife/ Touch			Tea/ Ginsang/ Sanka		
Vinyl Doily(White L/S)			Sign Book/Pen			Fine Sweet		
〃 (Gold)			Memo Pape/Ball Pen			Butter/Jam		
Coaster			White Gloves			Cigarette		
Rap/Foil			Working Gloves			생수		

제2절 가족모임

1. 결혼식

호텔에서 이루어지는 가족모임은 결혼식, 약혼식, 장수연 등이 주종을 이룬다. 이러한 패밀리 파티는 일정한 의식을 가진 후 식사를 하게 되는데, 연회서비스 직원은 의식의 순서를 파악하고 그에 따른 필요한 서비스를 신속하게 대응해야 한다. 특히 패밀리 파티에는 케이크, 꽃꽂이, 화환, 코사지, 방명록, 사인펜, 흰 장갑, 아이스카빙, 피아노 등을 수반하게 되는데, 이러한 품목들은 사전에 반드시 체크되어야 한다.

그리고 가족모임은 항상 예약된 참석인원이 당일 변동이 심하므로 인원의 변동사항을 수시로 체크해야 한다, 만약 하객이 예상인원보다 많이 왔을 경우는 사전에 주최 측과 협의하여 음식의 추가여부와 좌석이 부족할 경우 같은 가격대의 호텔 내 타 레스토랑 이용 등에 대하여 논의해야 한다. 하객들은 음식미비에 대하여 주최 측을 탓하기보다는 호텔 측의 준비소홀로 간주하는 경향이 많다.

1) 결혼식 테이블 배치

결혼식은 크게 두 가지의 형태로 분류가 가능한데, 식장과 식사 장소를 겸하는 기존의 방식과 식장과 식사를 분리하여 운영하는 분리 예식이 있다. 기존 방식의 경우는 주로 라운드 테이블의 연회 스타일로 꾸미게 되고, 분리 예식의 경우는 식장은 채플형식 의자만 놓는 극장식 스타일로 하고, 식사 장소는 별도의 연회장 및 레스토랑을 이용한다.

2) 결혼식의 진행

결혼식의 진행은 사전에 식장을 완벽하게 준비해두고 고객의 특별한 요구(이벤트)가 없는 경우는 고객 자체적으로 진행이 가능하므로 호텔 연회장 측에서 서비스해야 할 사항은 없다. 그러나 연회 서비스에서는 결혼식의 진행사항을 파악할 수 있어야 하고, 고객이 결혼식 진행순서에 대하여 문의를 하면 다음 표와 같은 내용을 전달하여 자체적으로 원활히 진행 될 수 있도록 협조하면 된다.

* 결혼식 진행 순서

순서	내용
예식 5분 전	사회자가 로비에 대기중인 하객에게 입장을 권유하는 안내방송을 2~3차 방송한다. 예: 밖에 계시는 하객 여러분께 안내의 말씀드리겠습니다. 잠시 후 신랑( )군과 신부( )양의 예식을 거행할 예정이오니 참석하신 내빈 여러분께서는 식장 안으로 입장하셔서 자리를 정돈해 주시기 바랍니다.
양가 모친 화촉 점화	양가 모친이 입장하여 촛불점등 의식을 진행한다. 사회자가 안내방송으로 의식을 진행시킨다. 예: 이제 오늘 이 성스러운 예식을 위하여 양가 모친께서 축복의 촛불을 점등하는 순서가 있겠습니다, "양가 모친께서는 입장하여 주시기 바랍니다." ※ 담당직원이 모친 입장을 도와준다.(점등 후 착석위치 사전안내)
개식사	사회자는 주례선생님, 반주자, 양가 부모의 착석 확인 등을 점검 후 예식을 진행한다. 주례선생님 소개 및 단상 입장 ※ 담당직원은 신랑이 입장할 수 있도록 출입구에 대기한다. ※ 주례선생님 단상으로 가시도록 안내
신랑 입장	신랑의 입장 대기상태 확인 후 "신랑입장" ※ 신랑위치 및 신부 영접방법을 사전 알려준다.
신부 입장	다음은 오늘의 주인공 신부입장이 있겠습니다. "신부입장" ※ 신부 & 들러리에게 미리 순서를 알려준다.
신랑 신부 맞절	이제 두사람의 입장을 마치고 다음은 여러 증인과 가족 앞에서 성인의 예를 드리는 맞절의 순서가 되겠습니다. "신랑 신부 맞절" ※ 주례자 및 담당직원의 인도로 거행
혼인서약	존경하는 주례선생님께서 두 사람의 귀중한 혼인서약을 받는 순서가 되겠습니다. "혼인서약" ※ 주례자
※ 반지교환	신랑이 먼저 신부에게 반지를 끼워주고, 그리고 신부가 신랑에게 반지를 끼워 준다. ※ 주례자

성혼 선언문 낭독	혼인서약에 이어 이제 두 사람의 완전한 부부됨을 선언하는 성혼선언이 있겠습니다. '성혼선언문 낭독' ※ 주례자
주례사	이제 두 사람이 법적인 혼례절차를 마치고 존경하는 주례선생님으로부터 결혼 생활의 좌우명으로 갖추어야 할 귀한 말씀이 있겠습니다. ※ 주례자
축가, 축하 연주	사회자가 신랑 신부를 하단으로 내려와 하객을 향해 서게 한다. ※ 신랑, 신부를 하객을 향하게 유도
부모님께 인사	※ 신부측 산랑측 보모님들을 향하게 유도
신랑 신부 내빈께 인사	
폐식	
※ 사진촬영 및 퇴장	

신부 대기실

* 피로연 진행순서

신랑 신부 재입장	피로연장으로 재입장을 준비하는 신랑 신부를 확인하고 나서 안내 멘트를 한다.
결혼기념초 점화	신랑 신부는 기념초에 점화를 하고 단상 쪽으로 이동한다.
Cake Cutting	신랑 신부는 케이크를 중심으로 좌, 우측에 위치한 다음, 케이크 나이프로 커팅한다.
건배	사회자의 선창에 따라 하객들도 함께 하도록 유도
하객께 인사	양가의 혼주와 신랑 신부가 동행하면서 테이블마다 인사를 드림
폐백안내 또는 마무리 인사	※ 신랑 신부는 준비 후 폐백실로 이동 ※ 신랑측 직계, 친지를 폐백실로 안내
주차권 안내	

2. 약혼식

약혼이란 현대 문명이 우리나라에 들어온 후 육례(六禮) 중의 문명(問名), 납채(納采), 납폐(納幣), 납길(納吉), 청기(請期)를 한데 묶어 행하는 것과 같은 것이다. 즉 혼인할 당사자들이 양가의 합의 하에 길일(吉日)을 받아 어른들과 친척, 친지들 앞에서 두 사람이 정혼(定婚)하기로 약속하는 것을 알리는 가족 모임이라 할 수 있다.

약혼식은 원래 신부집에서 소연을 베풀고 신랑측은 사주단자(四柱單子, 納采, 納幣, 納吉)를 보내는 구식 절차를 바탕으로 하나, 여러 가지 여건상 호텔 연회실에서 사회자의 진행에 따라 거행되는 이른바 신식 약혼식이 점차 보편화되어 가고 있는 실상이다.

또한 건전가정의례준칙에서는 약혼 예물을 금하고 있으나, 두 사람이 앞으로의 인생을 함께 하기로 약속하는 성스러운 절차이니만큼 기념이 될 만한 반지를 대개 주고 받는데, 이때 약혼자의 태어난 달에 따라 탄생석을 해주는 것이 한결 의의가 있다고 할 수 있다.

1) 약혼식장 테이블 형

① U-Shape(소형 연회장에서 사용)

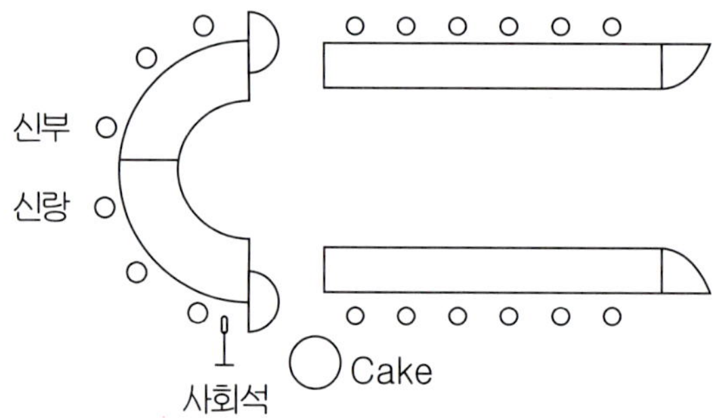

② ㄷ-Shape(대형 연회장에서 사용)

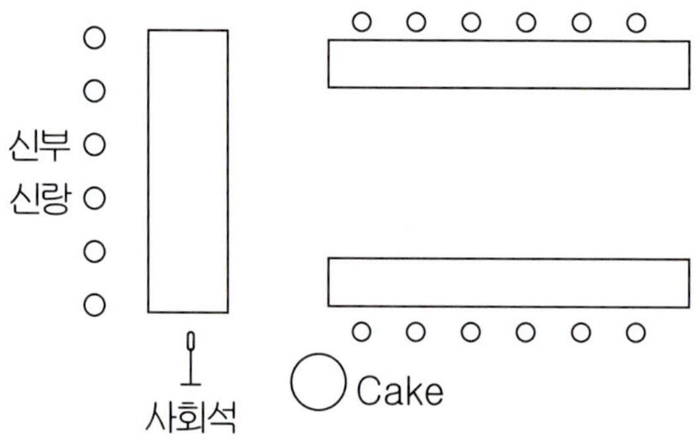

③ Round Shape(헤드를 제외한 나머지 구별이 없을 때)

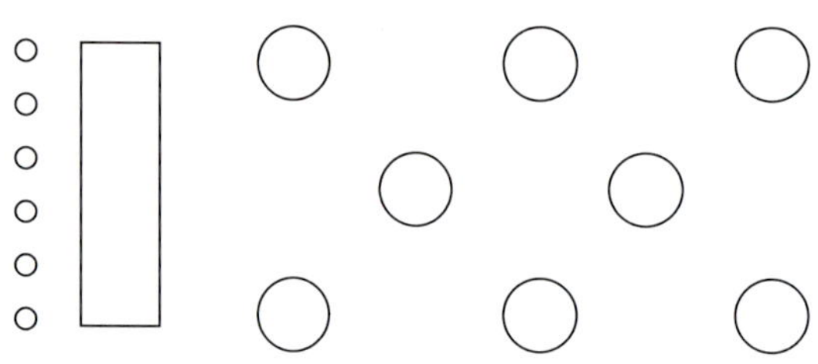

2) 약혼식 진행 순서

① 개식사 : 사회자가 약혼식의 시작을 알린다.

② 예비 신랑 신부 입장 : 조명이 어두워지면서 Touch 기기를 들고 예비 신랑 신부가 입장하여 기념초 및 각 테이블의 초에 점화하며 상석까지 가서 양가 어머니와 함께 초에 점화를 한다.

③ 신랑 신부 약력 소개 : 사회자가 예비 신랑 신부의 학력 및 경력을 간단히 설명한다.

④ 사주전달 : 예비 신랑 신부는 일어서서 뒤로 일보 물러서도록 하여 사주(신랑의 생년월일시를 글로 적은 것)를 신랑 어머니가 신부 어머님께 전달하고 서로 양가 어머니끼리 공손히 인사를 하도록 하며, 곧 신부 아버님이 그 사주를 받아 펴서 본 다음 접어서 다시 사주집에 넣고, 신부 부모님이 신랑 부모님께 잘 보았다는 의미로 인사를 한 다음 착석한다.

⑤ 예물 교환 : 미리 준비한 예물을 예비 신랑이 예비 신부에게 약혼반지부터 끼워주고 시계가 있을 경우 시계까지 채워주고, 그 다음 예비 신부가 예비 신랑에게 약혼반지, 시계를 채워준다. 그리고 나머지 신부예물은 신부측 어머니에게 전달한다. 이때 예비 신랑 신부는 뒤로 한 걸음 물러서서 함 교환이 끝난 다음 착석한다.

⑥ 양가 가족 소개 : 예비 신랑측 대표부터 신랑측 가족을 소개하고, 그 다음 예비 신부측 대표가 신부측 가족을 소개한다.

⑦ 예비 신랑 신부 인사 : 신랑 신부가 일어서서 약혼이 성립됨을 감사하는 뜻에서 하객들에게 공손히 인사를 한다.

⑧ 축전 낭독 : 참석하지 못한 분께서 보내 주신 축전을 사회자가 낭독한다.

⑨ 축하 케이크 커팅 : 신랑 신부를 Cake Table 앞으로 나오도록 하여 케이크 초에 점화를 한 다음 손을 다정히 잡고 촛불을 끄도록 하며, 준비한 샴페인을 터뜨려 분위기를 고조시킨다. 서비스 직원은 Dry Ice Machine의 스위치를 눌러 Dry Ice의 김이 나오도록 하여 환상적인 분위기를 연출하며, 신랑 신부가 케이크 나이프를 들고 케이크를 뒤에서부터 아래

로 자르도록 한다. 이때 하객들은 박수로서 축하토록 한다.

⑩ 축배 : 예비 신랑 신부의 행복한 앞날과 약혼식을 기념하는 축배를 사회자가 제의한다. 상석의 신랑 신부와 부모님은 샴페인 글라스가 닿도록 가까이 다정하게 포즈를 취하도록 하며, 하객들도 다같이 잔을 들어 "축하합니다"라고 한다.

⑪ 양가 대표 인사 : 신랑측 아버지부터 두 사람의 약혼에 대한 격려와 양가의 인연을 맺은 것에 대해 감사의 말씀을 한다.

3. 장수연

1) 회갑연 테이블 배치

부모의 회갑 등을 맞이하여 자식들이 그 은혜에 감사하며 장수를 기원하는 뜻에서 드리는 상(床)으로 오로지 주인공의 장수를 축하하는 데 의의가 있다.

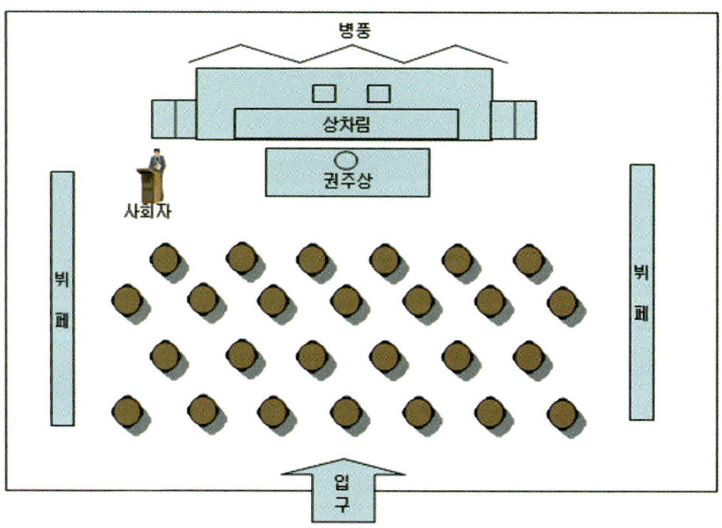

2) 장수연 진행

진행순서	진행 안내문	
1. 개식사	지금으로부터 (　　)선생(여사)의 회갑(고희)연을 거행하겠사오니 내빈 여러분께서는 모두 자리에 착석하여 주시기 바랍니다. 바쁘신 중에도 (　　)선생(여사)의 회갑(고희)연을 빛내 주시기 위하여 이 자리에 참석해 주신데 대하여 가족을 대신해 감사말씀 드립니다. 지금으로부터 (　　)선생(여사)의 회갑(고희)연을 거행하겠습니다.	무대조명
2. 주빈입장	(　)선생(여사)께서 입장하겠습니다. (모두 자리에서 일어나 많은 축하의 박수를 부탁드립니다)	실내조명 낮추고 스포트라이트를 비춘다. 주빈 상석 착석 후 실내조명 켠다.
3. 약력소개	(　)선생(여사)의 약력을 소개해 드리겠습니다. (사회자가 출생하신 년　월 일 부터 현재까지의 약력을 소개합니다)	분위기에 맞추어 음악을 은은하게 연출
4. 가족대표 인사	맏아들이 가족을 대표해서 여러분께 감사의 인사를 드립니다.	
5. 가족소개	사전에 축사자를 신청하여 부탁을 드리도록 합니다.	
6. 내빈대표 축사	사회자가 가족들을 항렬에 따라 소개하며 호칭된 가족은 주빈테이블 근처로 나와 내빈께 인사를 드립니다.	
7. 헌화 또는 헌주	직계자손 순으로 헌화 및 헌주를 합니다. (헌화로는 장미가 적합하며 헌주는 정종 또는 백포도주가 좋습니다)	돗자리 헌주상 준비 상석에 퇴주잔 준비
8. 축하 케이크 커팅	주빈석 옆에 준비된 케이크를 절단(Cutting)하겠습니다. (케이크를 절단하실 때 여러분들의 많은 축하의 박수를 부탁드리겠습니다)	케이크와 나이프 준비, 생신초 준비, 샴페인 Open, 축하음악 연주
9. 축배	주빈 및 내빈 전체가 모두 자리에서 일어나 잔을 들어 만수무강을 기원하는 배를 듭니다.	팡파레 연주 축배 제의자 선정
10. 식사	흥겨운 분위기 속에서 즐거운 식사를 합니다.	은은한 음악효과

11. 여흥	내빈의 식사가 끝날 즈음에 사회자의 유도 하에 여흥을 시작합니다.	무대조명 연출
12. 폐회	이상으로 (　　)선생(여사)의 회갑(고희)연을 마치겠습니다. 가족을 대신해 참석하신 모든 분께 다시 한번 감사 말씀을 드립니다.	
13. 사진촬영	직계가족 및 친지들 기념촬영	

3) 기타 장수 잔치

① 진갑(進甲) : 회갑 이듬해, 즉 62세가 되는 생일에 육순 잔치 때처럼 간단한 음식을 차려 손님을 대접하고 부모를 기쁘게 해 드리는 잔치

② 칠순(七旬) : 고희(古稀)는 당나라 시인 두보(杜甫)의 시에 나오는 "人生七十 古來稀"라는 문구에서 유래하는 말로써, 옛날에는 70세가 되도록 사는 예가 그만큼 드물었다. 그러나 요즘 사람들은 생활수준이 높아짐에 따라 평균수명이 연장되고, 또한 회갑과 마찬가지로 상차림이나 진행하는 방법은 똑같다.

③ 희수(喜壽) : 77세가 되는 생일에 간단한 잔치를 하는데, 이를 희수연이라 한다. 77세를 희수라 하는 까닭은 (喜)자를 초서로 쓰면 그 모양이 "七十七"을 세로로 써놓을 것과 비슷한 것에서 유래되었으며, 일종의 파자(破字)의 의미이다.

④ 팔순(八旬) : 80세가 되는 생일에 간단한 잔치를 베푸는데, 이를 팔순 잔치라 한다.

⑤ 미수(米壽) : 88세가 되는 생일에는 미수연을 차리고 축수한다. '米'자를 파자할 경우 '八十八'이 되기 때문이다.

⑥ 백수(白壽) : 99세가 되는 생일에는 백수연을 차린다.

⑦ 회혼례(回婚禮) : 결혼 60주년을 맞은 부부가 자손들 앞에서 혼례복을 입고 60년 전과 같은 혼례식을 올리면서 해로 60년을 기념하는 의례이다. 친척, 친지를 초대하여 성대한 잔치를 베풀고 부모의 회혼(回婚)을 축하한다.

Chapter * 8

연회마케팅

Chapter 8
연회마케팅

제1절 연회마케팅

1. 연회마케팅이란?

1) 마케팅의 개념

이제 마케팅이라는 용어는 현대 사회에서 더 이상 생소한 단어가 아니다. 이러한 단어의 등장은 인간사회 속에 기업이 지속적인 성장을 하려는 데 절대적으로 필요한 현상 중의 하나라고 볼 수가 있다. 성공하는 기업의 공통점을 보면 그들은 항상 고객과 같이 하려고 노력했기 때문에 시장에 대한 이해가 빨랐다. 그러므로 시장에서의 선도적인 위치를 확보할 수 있었던 것이다. “고객 본위적 사고를 기본이념으로 삼아 고객의 필요와 욕구를 충족시킴으로써 수요창출을 하는 것” 이 곧 마케팅의 기본개념이다.

기업이 고객지향적 사고를 갖는다는 것은 어떤 의미일까? 그것은 기업이 더 많은 수익을 얻을 수 있다는 사실과, 그리고 고객인 국민의 삶에 대한 질의 향상과 국가경쟁력의 향상을 의미한다. 오늘날 급변하는 사회변화의 속도는 새로운 밀레니엄 시대에 수많은 도전으로 볼 수밖에 없으면, 기업의 계속적인 성장은 이러한 변화를 주도하는 거대한 힘(Macroforces)을 안다는 것과 세계화(Globalization), 경제적 변화, 지식을 바탕으로 한 환경, 서비스 전달 시스템의 노동력과 품질에 대한 전망에 달려 있다. 외식기업이 경쟁우의를 점하기 위해서는 복잡다양한 고객의 용구를 파악하며 감동을 주려는 노력이 필요하다.

이렇게 급변하는 사회환경은 우리 지구촌에 많은 선물을 제시했다. 산업혁명, 제트기, 컴퓨터시대, 인터넷 등은 인간의 복잡성, 불확실성을 증가시키고 있다. 그럼에도 불구하고 불확실한 미래를 살아가기 위해 기업은 불확실성에서 살아갈 전략(Strategy)을 세우고 앞으로의 위험을 어떻게 헤쳐나갈지 결정을 내려야 한다. 기업이 생존하기 위한 전략적 개념 중의 하나가 서비스 마케팅 전력이며, 이것 또한 상품마케팅과는 근본적인 차이가 있다는 것이다. 그 이유는 서비스의 경우 그 속성상 무형성을 지니므로 제품의 제조활동에 부수되는 기능만으로 간주하기 때문이다.

다음은 서비스의 분류를 한 것이다.

① 인간 노력의 산물이라 할 수 있는 물적 서비스(제조업, 유통, 통신 등)
② 생활 속에 편의를 제공하는 서비스(제조업, 유통, 통신 등)
③ 피곤과 아픔을 치료해주는 후생복지 서비스(병원)
④ 고객의 기대 속에 주문에 의한 생산과 소비가 동시에 일어나며 거기에다 따뜻한 인간의 정성이 담긴 인적 서비스(외식업, 호텔업 등)

위의 사항 중 ①~③항은 모두 제품에 관계된 상품마케팅이며, 또한 고객의 주문이 아닌 수요예측에 의한 생산을 하는 것인데, 특히 ④항과 다른 점을 생산과 소비가 동시에 행해지지 않는다는 점이다. 이것이 상품마케팅과 서비스마케팅과의 차이이다. 그리고 또 ①~③항의 관계는 제품 이외에는 서비스가 불가능하며 물적 서비스로 세품을 주고받는데 만족할 뿐 그 이상은 고객이 요구충족을 원하지도 않으며 들어줄 수도 없는 규제가 따른다. 그러나 ④사항은 얼마든지 몇번 씩 고객이 감동하도록 하는 데 규제가 따르지 않으며, 그러한 서비스 마케팅이 가능한 것은 서비스만이 가질 수 있는 특성 때문이다.

2) 서비스의 특성

서비스의 특성은 크게 무형성(Intangibility), 비분리성(Insperability), 이질성(Heterogeneity), 소멸성(Perishability) 등 4가지로 구분할 수 있다.

(1) 무형성(Intangibility)

유형적 재화가 어떠한 형태를 갖추고 있는 물질이라면 서비스는 일시에 가시화될 수 없는 성과나 행동 또는 어떤 편익이 전달되는 과정 그 자체이다. 대부분의 제품(유형재화와 서비스)은 무형적 요소를 동시에 갖고 있다. 예들 들어, 연회행사의 경우 격조 높은 시설은 유형이나 안락한 분위기를 위한 조용함이 있는 유일한 무형 서비스이다. Shostack은 제품의 시장 실체성(Marketentities)에 따라 제품들을 나열하였다. 여기서 대부분의 서비스는 무형적 요소가 강함(Intangible Domunant)을 알 수 있으나, 시대가 흐를수록 고객의 요구는 무형서비스의 요구가 강해짐을 알 수 있다.

(2) 비분리성(Insperability)

유형제품은 생산 후 구매와 소비가 뒤따르는 반면, 서비스는 보통 구매결정이 이루어진 후 생산과 소비가 동시에 일어난다. 즉 생산과 소비가 시간적으로 분리되지 않는다. 이는 고객이 어떤 서비스를 받기 위해서는 서비스 생산에 참여해야 한다는 의미도 된다. 가령 고객이 호텔에 숙박하는 동안 호텔은 휴식이라는 서비스를 생산하는 것이며 동시에 고객은 이를 소비하는 것이다. 이러한 서비스의 비분리성과 동시성 때문에 고객은 종종 서비스의 생산에 직접 참여해야 하며 자신이 원하는 서비스가 제대로 전달되도록 도와야 한다.

가령 고객이 연회행사를 주최자에 의해 예약을 했는데, 행사 당일 고객이 참가하지 않았다면 서비스의 생산과 소비는 발생할 수 없다. 서비스의 비분리성이라는 말에는 종업원과 고객들이 모두 서비스 상품 속에 통합되어 있다는 의미도 된다. 아무리 좋은 상품이라 할지라도 종사원의 태도가 나쁘다면 만족스러울 수가 없다. 또한 연회상품을 애용하는 데 있어서 고객들이 형성하는 분위기도 중요한 서비스 내용이 될 수 있다. 가령 행사장에서 큰 소리로 떠들거나 교양 없는 행동을 한다면 전반적인 연회행사 상품의 질과 이미지는 낮아질 수밖에 없는 것이다.

(3) 이질성(Heterogeneity)

서비스는 그 품질을 일정 수준으로 통제하고 표준화하는 데 어려움이 따른다. 연회행사에서 표준화가 어려운 것은 크게 세 가지 요인이 작용한다고 본다.

① 생산과 소비가 동시에 발생하기 때문에 서비스가 고객에게 전달되기 전에 사전 품질관리가 불가능하다.
② 수요의 굴곡이 심해 고객이 한꺼번에 예약보다 많이 몰리면 서비스의 질을 유지하기가 어렵다.
③ 성격상 인적요소가 많이 가미된다.

똑같은 서비스 훈련을 시킨다 할지라도 종업원에 따라 다른 질의 서비스를 제공하기도 하며, 같은 서비스 제공자라 할지라도 시간과 기분에 따라 또는 고객에 따라 다른 수준의 서비스를 제공하기도 한다. 그러므로 외식산업에서는 이질성과 변동성을 지닌 서비스를 어떻게 표준화시키느냐가 큰 과제로 남는다. 그러므로 서비스의 차별화 또는 개별화(Customization)란 고객의 개성과 요구에 맞추어 서비스를 변화시킴을 말하며, 양복을 맞추듯이 서비스를 고객의 필요와 요구에 맞추어 고객에게 맞춤 서비스를 하는 것이다.

(4) 소멸성(Perishability)

서비스의 소멸성이란, 서비스는 유형 재화와는 달리 창고에 저장될 수 없으므로 시간 내에 판매되지 않으면 소멸해 버린다는 의미이다. 이미 생산한 텔레비전은 내일 얼마든지 판매할 수 있지만, 오늘 연회행사에서 판매되지 않은 데서 비롯된 판매손실은 내일 다시 메워질 수 없는 것이다. 이와 같은 시간성 및 소멸성 때문에 서비스의 경우에는 비수기, 성수기의 수요 조정이 매우 중요하다.

3) 연회서비스 마케팅의 특수성

기업의 성패는 시장에 의해 좌우된다. 서비스 기업인 외식산업에서도 연회행사를 유치하기 위하여 고군분투하고 있는 실정이다. 기업은 경쟁우위를 통해 시장에서 자신의 위치를 확고히 정립하고 기존고객과 잠재고객에게 최선의 선택이라는 판단을 받아내는 것이 중요하다. 마케팅은 이와 같이 시장과 함께 숨쉬며 고객의 욕구를 발견하고 충족시키는 일련의 활동이다.

서비스 기관들의 마케팅활동이 일반 제조업체와 비교할 때 상대적으로 저조한 이유는 첫째, 다수의 연회서비스 업체들이 군소업체에 따라 마케팅에 대한 이해와 그 기법을 도입할 능력이 부족했고, 둘째, 일부 전문서비스 직종은 마케팅활동이 자신들의 전문직종과는 무관하다고 여겨왔기 때문에 마케팅개념을 도입할 필요성을 느끼지 못했기 때문이다.

(1) 연회마케팅 철학

최근 외식산업(연회)은 무한경쟁시대에 돌입하여 냉혹한 적자생존의 법칙이 적용되는 단계에 이르렀다. 이렇게 치열한 경쟁환경 속에서 살아남는 방법은 무엇일까. 그 해답은 고객의 시각에서 수없이 많은 연회 외식업체 가운데 과연 어떤 곳을 선택하겠는가에 달려 있다. 그러면 고객의 마음에 들기 위해서는 우선 연회고객이 원하는 욕구가 무엇인가를 이해해야 하고, 이를 충족시킬 만한 서비스 상품을 개발하여 고객이 구매충동을 일으키게 효율적으로전달할 수 있어야 할 것이다.

고객의 마음을 바로 읽고 그들의 숨은 욕구를 알아내며 거기에 대한 문제해결 방안을 제시하는 것이 바로 마케팅이다. 그것은 제반 경영활동의 핵심을 고객에 두고 그들을 중심으로 사고하며 그들의 시각에서 바라볼 줄 알 때에 가능해진다.

오늘날의 마케팅은 단순히 하나의 경영기능이 아닌 기업철학이며 경영의 기본방향을 제시하는 것이다. 흔히들 마케팅은 단지 홍보 캠페인을 의미하는 것으로 알고 있으나 광고, 홍보는 마케팅의 다양한 활동 중 한 부분에 불과하다. 마케팅이란 고객의 필요와 욕구를 정확히 파악하고 그들에게 가치가 있는 상품을 개발하여 알려주면, 손쉽게 구매를 할 수 있도록 배려를 하고 교환과정에서 가치와 만족을 부여하여 고객과 장기적 관계를 맺는 것이다.

마케팅 역할을 확인하기 위해 시장의 역학적 기능으로 살펴보면 다음과 같다. 즉 시장의 필요와 욕구에 따라 제품, 서비스가 개발되고, 거기에서 고객이 참된 가치를 발견하고 만족을 느끼게 되면 거래가 이루어지며 고객과의 관계가 성립되는 것이다.

마케팅이 이러한 과정의 촉진 및 윤활유 역할을 한다. 다시 말해서 마케팅 활동은 고객의 필요를 알아내고 욕구를 자극하는 일에서부터 구매가 발생한 다음의 사후관리에 이르기까지 모든 진행과정에 관여한다.

한 기업이 무엇을 최우선 순위로 움직이느냐에 따라 그 기업의 경영철학을 알 수 있다.

(2) 연회 마케팅믹스

연회 마케팅믹스(Banquet Marketing Mix)란, 연회행사에 관련한 마케팅 프로그램을 구성하는 통제 가능한 전략적 요인들을 일컫는 것이다. 일반적으로 마케팅 믹스의 개념을 Borden 교수는 12가지 요인으로 구분을 했다. 제품계획, 가격결정, 상표화, 유통과정, 인적판매, 광고, 촉진, 전략, 서비스, 물적유통, 시장발견과 분석을 말한다.

2. 연회마케팅 전략

환경진단, 기업의 경쟁수단을 구성하는 상품과 서비스의 선택, 기업의 의도를 반영한 바른 핵심역량의 개발 등에 대한 노력은 기업의 경영의도를 반영한다. 전략실행은 가장 높은 수준의 현금흐름을 창출하고 미래에도 꾸준히 같은 목표를 달성할 수 있는 상품과 서비스에 지속적으로 자원을 배분하는 과정이라고 정의할 수 있다.

많은 사람들은 전략을 수립하는 것은 쉽지만 성공적으로 실행하기는 아주 힘들다고 주장하는데, 그 이유는 수많은 변수들이 경영진에 의해 통제될 수 없기 때문이다. 특히 연회마케팅 전략은 일시적인 환경조화를 나타내지만, 경영성과에 미치는 요소가 크다.

연회사업의 경영진은 실행에 영향을 미치는 중요한 요소들 사이에 존재하는 관계들을 이해해야 하고, 또한 원하는 경영성과를 달성하기 위해 이들을 성공적으로 관리해야 한다. 그리고 이 변수들 간의 관계는 동태적이며 지속적으로 변화한다는 것이다. 이 모형은 상황지향적인 것과 과정지향적인 두 큰 분야로 분류될 수 있다는 것을 지적하고 있다. 모형의 중심에 존재하는 변수들이 과정 변수이며, 이들은 성공적인 실행에 절대 필수적인 핵심역량 및 주당 현금흐름의 최대화를 실현하는 데 중요한 부분이다.

과정변수들은 종종 상황변수와 같이 많은 영향을 받기 때문에 상황변수에 연결된 많은 경영진의 결정은 과정변수의 효과에도 영향을 미친다. 상황과 과정 간의 관계에서 과정변수의 성공은 그들이 존재하는 상황기능이라고 해석할 수 있다.

각 상황변수와 과정변수는 실행과정에서 어떤 변수는 다른 변수보다 더 큰 영향력을 가지고 있다. 이런 관계는 연회기업 조직에서도 기대되며, 또한 이런 관계들은 환경의 가변성과 기업의 리더십 형식에 의해 변화될 수 있다.

지각된 환경의 불확실성, 전략내용, 기업구조와 문화는 실행과정에 영향을 미치는 주요변수로 인식되고 있다. 연회행사 실행목적으로 연회기업의 구조를 구상할 때 경영진의 사고에 영향을 미친다. 주변환경이 안정적일 때는 공식적인 구조를 택하고, 환경이 매우 불안정할 때는 아주 제한된 조직구조를 취하려 할 것이다. 연회 관련 환경을 바라보는 관점을 토대로 하여 가장 높은 가치를 창출할 수 있다고 예상되는 구체적인 경쟁수단인 연회기업에 투자하게 된다. 이 경쟁수단에 자원을 배분하고 이들은 실행하기 위해 조직구조를 창출한다. 직무, 각 개인, 공식적인 조직배치 및 비공식적인 조직배치 등의 상호관계를 상징하고 있기 때문에 실행과정에서 아주 중요하다.

연회마케팅 사업부의 전략내용은 기업이 장기적인 경쟁우위를 달성하기 위해 개발하는 경쟁수단이라고 정의했다. 이들은 전략실행과의 적합성에서 연회상품과 서비스가 신중하게 개발, 검증되지 않고 자원이 배분되지 않거나 혹은 지속적으로 생산되지 않으면 가치를 창출할 수 없다. 많은 연회기업들이 전략실현에 실패하는 이유는 핵심역량을 정의할 필요를 인지하지 못하고 있기 때문이다. 경쟁수단이 무엇인가에 대한 분명한 이해와 그들의 가치창출의 잠재력에 대한 우선순위를 파악하지 못하면 기업의 구성원들은 효과적인 실행에 반하는 불확실한 상황에 존재할 것이다.

연회사업의 전사적 전략은 "어떤 연회사업분야에 어떻게 진출해야 하는가?"란 질문에 답하는 것으로, 사업부 전략과 같이 기업의 의사결정자가 환경의 불확실성을 정확히 인지하고 자원을 효과적으로 모든 사업부에 적절하게 배분해야 한다.

한 사례연구는 '운영관리와 상품에 대한 철저한 통제'를 강조하고 '기존 상품의 향상'에 대한 고려사항들을 최고 우선적인 경쟁수단으로 선택했다. 이런 경쟁수단을 사업부 전략의 내용으로 포함한 것은 실행에 긍정적인 영향을 미치는 것으로 나타났다. 운영관리 및 상품의 질에 대한 철저한 통제라는 목표는 목표달성에 필수적인 경영정보 시스템과 계획 및 통제 시스템에 대해 투자를 하는 결과를 낳았다. 이 기업은 분명한 목표를 설정하고 이어 적절하게 자원을 배분하여 의도된 전략을 실현할 수 있게 되었다.

과정변수들은 모든 경쟁수단들이 효과적으로 수행되기 위한 실행고정의 요소들이며, 이들은 많은 면에서 인간의 순환 시스템과 유사하다. 이들은 핵심역량을 구성하는 심장뿐만 아니라 조직의 모든 부서에 분산되어야 하는 혈액의 공급을 원활케 하는 정맥 및 동맥 시스템이기도 한다. 자원배분, 경영정보 시스템, 계획, 통제 및 평가 시스템, 교육, 개발 및 훈련 프로그램, 보상과 혜택, 운영관리 시스템, 강점 및 약점 분석, 목표설정과 리더십 등이 과정변수에 속한다. 상황변수의 분석에 대한 지적도 있듯이 과정변수들도 기업구조, 기업문화와 지각된 환경의 불확실성에 대해 종속적인 관계를 가지고 있다. 만일 기업이 상호일치를 달성하려면 환경, 전략과 구조 간의 조화뿐만 아니라, 성공적인 전략 실행을 달성하기 위하여 상황 및 과정변수들도 일치되어야 한다.

1) 경영정보 시스템(Management Information System : MIS)

모든 경영정보 시스템은 반드시 기업의 자원이 가장 효율적이고 효과적으로 배분되는 것을 목표로 삼아야 한다. 경영진이 자원배분 의사결정을 할 때 필요한 정보를 수집하는 데 이용되며, 비공식적인 시스템은 점선으로 기업의 구성원들이 자신의 정보욕구를 충족하기 위해 구축하였다.

이러한 전체 시스템은 경영자들이 경쟁력 있는 투자방법을 결정할 수 있도록 최선의 정보를 제공하기 위한 효과적인 환경진단 노력에서부터 시작된다. 그리고 경영진은 각 경쟁수단의 가치창출 성과를 추적할 수 있는 정보를 확보할 수 있어야 한다.

2) 훈련·개발 및 교육 프로그램

요즘과 같은 변화의 시대에는 능력 있고 전문화된 인력들의 공급이 많아야 됨에도 불구하고 아주 부족하다. 위와 같은 문제는 종업원들을 많이 고용하는 직종의 하나인 외식산업에서 두드러지게 나타나지만, 고객들이 더욱 특화된 서비스를 요구하고 있는 시점에서 외식산업을 더욱 힘든 지경으로 몰아넣고 있다.

어떻게 하면 높은 수준으로 상품과 서비스의 전달을 수행할 수 있는 종사자들을 확보하기 위한 교육, 개발 및 훈련에 대한 특별한 노력들을 할 것인가? 연회 및 외식기업, 그리고 호텔기업들은 직원들을 좀더 오래 고용하기 위해 그들에게 현직에 종사하면서 대학의 학위 등을 취득할 수 있는 기회를 제공하거나 개인적인 성장의 기회를 제공함으로써 높은 수준의 기술을 보유한 인력을 많이 가질 수 있을 것이라고 믿고 있다. 그래서 교육담당이사, 인력혁신이사라는 직책도 새롭게 개발하였는데, 모든 종사자들은 이들이 전반적인 기술의 향상과 더불어 개인 발전에 성공적이라고 믿고 있다.

신경영이라고 명명된 요인은 기업이 교육, 개발 및 훈련 프로그램에 더욱 많은 자원을 배분할 것을 요구하는 많은 요소들을 포함하고 있는 것이다.

3) 운영관리 시스템(Operating System)

연회행사에 대한 운영관리 시스템은 자원을 최종 상품과 서비스로 전환하는 과정이라고 말할 수 있다. 상품, 품질관리, 구매, 예약관리 및 판매관리 시스템 등은 연회행사 운영관리 시스템의 예를 상징하고 있다. 많은 상품과 서비스를 고객에게 제공하는데 수반되는 복잡성으로 인해 호텔 및 연회기업에는 더욱 많은 운영관리 시스템들이 존재하고 있다.

성공적인 실행을 달성하기 위해 기업들은 이런 시스템들이 서로 조화를 이루면서 수행되도록 하는데 전력을 기울여야 할 것이다. 각 시스템의 구매 및 배치에 대한 의사결정은 실행계획에서 이들이 어떻게 통합될 수 있을 것인가를 고려한 후에 내려져야 한다. 호텔 및 연회산업은 현재까지 특히 이런 통합분야에 노력을 기울이지 않았는데, 결과적으로 이런 시스템들의 확산은 실행능력을 향상시키지 못했고 실행효율을 감퇴시켰다. 기업들은 반드시 경쟁수단, 핵심과정과 보조과정에 집중된 시스템을 설계, 구축 혹은 인수해야 높은 수준의 연회행사 가치 실행을 달성할 수 있을 것이다.

일반적으로 목표를 수립하는 것은 성과에 대한 목표를 설정하는 것과 같이 자원을 배분하는 것에 많은 비중을 두고 있다. 성공적인 실행을 달성하는데 있어 구체적인 경쟁수단과 연결관계가 없는 목표가 결정되어서는 안 된다는 것을 의미하고, 결국 기업목표의 대부분은 가장 높은 현금흐름을 창출하는 경쟁수단을 향해 설정되어야 한다.

제2절 연회마케팅 상품전략

1. 연회서비스 상품의 개념

1) 연회서비스 상품의 개념

상품전략은 마케팅믹스에서 가장 기본적 요소라고 해도 과언이 아니다. 아무리 광고 및 홍보가 훌륭히 이루어지고 가격이 적정선에 책정되며 고객접근성이 뛰어나더라도 만약 상품 자체가 고객에게 어필되지 못하는 것이라면 그 효과는 단기간에 끝나고 말 것이다. 연회서비스 상품은 품위있는 건물, 편안한 행사장, 고급스런 음식 등 유형적인 것일 수도 있고, 분위기나 품위 등 뚜렷한 유형적 단서가 없는 무형성 효익일 수도 있다. 즉 연회서비스 상품은 한 가지 상품만을 독립적으로 분리시켜 생각하기 어렵다. 고객이 원하는 만족스러운 서비스가 제공되기 위해서는, 보통 서로 연계성을 갖는 여러 가지 서비스가 일련의 상품묶음을 형성하여 함께 전달되기 때문이다.

2) 연회상품의 기획 · 관리

연회상품을 기획 · 관리하는 목표는 고객만족과 이에 따른 수요창출이다. 이를 위해서는 우선 호텔서비스 상품의 성과에 대한 고객인식에 대해 이해를 할 필요가 있다. 고객이 인식하는 연회서비스 성과(Perceived Performance)는 도구적 성과(Instrumental Performance)와 표현적 성과(Expressive Performance), 그리고 연회고객믹스(Customer Mix)에 의해 영향을 받는다. 첫째, 도구적 성과는 상품의 물리적 · 기술적 차원으로서, 연회장의 설비수준과 물리적 환경, 자동화 등에 대한 고객평가에 의해 결정된다. 둘째, 표현적 성과는 고객과 직접 접촉하는 연회 종업원(Contact Personnel)의 고객에 대한 관심과 서비스정신 등 친절성의 표현과 관련된다. 마지막으로, 고객믹스는 연회장을 사용하는 타 고객들의 품위와 행동 등을 뜻한다. 이러한 3요소는 서로 상호작용을 가지며 고객이 연회상품에 대해 인식하는 과정에 관여하는 것이다.

2. 연회서비스 상품전략

1) 호텔상품 기획의 접근방법

(1) 고객의 관점에서 보라

연회상품을 기획하고 관리하는 데는 무엇보다도 고객의 시각에서 접근하는 것이 중요하다. 고객의 입장에서 그들이 필요로 하는 것과 불편사항을 깨닫는 것이다. 고객이 원하는 상품을 개발하기 위해서는 연회관리자 자신이 가장 까다로운 고객이 되어 비판적 시각으로 현 상품을 분석하고 개선의 여지와 신상품 아이디어를 얻어야 한다.

단순히 시장수요와 고객의 편익에 부응하는 신상품을 개발하는 것뿐 아니라, 원가절감 및 효율성 향상 또한 중요하게 다루어져야 할 문제이다. 많은 경우 그것이 바로 고객이 추구하는 가치이기 때문이다. 고객을 위한 가치창조는 곧 고객감동으로 이어진다.

고객의 관점에서 보면 포화된 듯한 시장에서도 틈새시장을 발견하고, 이 틈새시장을 위한 신상품 아이디어가 나올 수 있다. 우리나라의 스위스그랜드호텔은 스위트아파트를 개발하였는데, 이것은 외국인 장기체류자들이라는 틈새시장의 필요와 욕구에 적절히 부응하는 호텔상품 개념이었다. 따라서 고가의 임대료에도 불구하고 희망자가 입주대기를 해야 할 정도로 높은 인기를 누릴 수 있었다.

(2) 가시적 요소를 활용하라

무형적인 연회서비스 상품을 효과적으로 시장에 어필시키려면 상품기획의 근거를 물리적 단서에서 찾는 것이다. 연회의 물리적 환경은 고객이 가장 쉽게 인지하여 그 질을 판가름할 수 있는 요소이다. 연회상품 기획을 위해 가시적 요소를 활용하는 것은, 회사측에서는 자사 서비스상품의 질을 고객에게 보여줄 기회로 작용하며, 고객측면에서는 그것에 의해 구매결정을 하게 되는 유형적 이유가 된다. 연회상품을 구성하는 가시적 요소들에는 건물위치, 직원의 용모와 태도, 격조 높은 시설 등이 있다. 이러한 가시적 요소들은 연회가 제공하는 무형적 편익을 보다 효과적으로 고객에게 전달시킨다.

(3) 기업의 이미지를 관리하라

이미지란 고객의 마음속에 비쳐진 기업의 종합적인 영상을 의미한다. 따라서 한 연회행사의 개별상품은 그 외식기업의 전체 이미지로서 후광을 받게 된다. 고객의 의사결정은 연회행사의 이미지와 이름에 의해 크게 좌우되며, 이러한 총체적 이미지는 연회상품판매의 촉진역할을 하게 되는 것이다.

(4) 구매 후 태도를 관리하라

연회상품에 대한 고객의 평가는 매우 주관적이다. 그리고 동종 서비스산업의 경우도 마찬가지이다. 이러한 구매 후 고객태도는 타 고객에게 미치는 구전효과에 의해 시장에 커다란 파장효과를 가져온다. 따라서 이미 연회상품을 구입한 고객이 긍정적인 평가를 내리도록 기업의 인적자원관리 및 고객관리가 철저히 이루어져야 한다.

(5) 패키징을 활용하라

패키징(Packaging)이란, 여러 개의 이질적 요소들이 모여 하나의 상품을 이루는 것을 의미한다. 호텔서비스가 복합성을 띠는 만큼 패키지상품은 고객의 다양한 욕구를 한꺼번에 충족시키는 편익을 제공하여 새로운 수요를 창출하게 된다. 예컨대, 여름철 비수기에 도심호텔들은 특별가격에 피서패키지를 마련하여 내국인, 특히 해마다 계속되는 피서지로의 교통혼잡에 신물이 난 도시인들의 호텔 바캉스를 유도한다. 호텔의 패키지상품은 여가와 관련된 인근상품과의 연계하에 개발되기도 한다.

2) 신상품 개발

급속한 시장환경 및 고객취향의 변화로 제품 · 서비스의 수명주기는 날로 짧아지고 있다. 짧아진 상품수명주기는 기업에게 있어 위협요인인 동시에 새로운 기회요인이 된다. 고객의 유동적인 기호와 독특한 개성에 맞는 신상품을 개발하면 고객의 호응을 얻고 단번에 시장의 선도자로 발돋움할 수 있다. 반면 현재 잘 팔리고 있는 상품이라도 환경변화에 발맞추어 따라가지 못하면 회사가 머뭇거리는 사이에 시대에 뒤떨어진 상품이 되고 만다.

예컨대, 맥도날드는 끊임없는 신상품개념의 개발과 현지적응으로 세계 패스트푸드업계의 선도자 위치를 고수해왔다. 미국의 맥도날드는 빅맥과 각종 아침식사 메뉴 등 미국인의 취향에 맞는 메뉴를 개발하여 아침부터 저녁까지 다양한 시간대에 고객의 발길을 끌었다. 일본 맥도날드는 1992년 새 메뉴를 쌀밥과 중화음식을 내놓아 현지인의 입맛에 발빠른 적응을 했다는 평가를 받은 바 있으며, 미국 본사의 지원을 받아 최저 80엔대의 햄버거 및 새로운 세트메뉴를 개발, 3,000억 엔이 넘는 매출을 기록하기도 했다. 반면 웬디스는 한동안 다른 패스트푸트점의 상품개념을 모방한 '후발상품(Me Too Product)'만을 개발하여 시장의 별다른 주목을 받지 못했다.

고객의 필요와 욕구에 맞아떨어지는 상품개념을 개발하면 그것이 히트상품이 되면서 기업의 효자노릇을 하지만, 신상품이 실패를 하면 많은 비용과 노력면에서 손실을 보게 된다. 미국에서는 새로 개업하는 숙박시설 중 1년에 평균 500개의 호텔, 모텔들이 실패한다고 한다. 신상품 개발에 따른 위험성을 감안할 때 새로운 호텔서비스 상품 개념을 도입 · 소개할 때는 신중한 시장조사가 이루어져야 한다. 또한 신상품 개발의 다단계를 착실히 밟아 성공가능성이 높은 상품 컨셉만을 선별적으로 도입, 시장에 선보여야 한다.

3) 광고개발

(1) 표적시장의 결정

연회행사를 유치하기 위해서 광고 메시지를 개발하기에 앞서 광고의 대상, 즉 표적시장이 누구인지를 결정해야 한다. 표적시장은 개인 또는 단체, 회사의 예약담당자, 남녀노소 등 다양하다. 표적시장을 선정했으면, 이들에게 노출빈도수가 높은 매체를 선정하고, 이들의 특성을 알아내어 그 표적시장에 어필되는 광고내용 및 방법을 결정할 수 있다. 표적시장이 추구하는 핵심효익을 알아내어

이를 효과적으로 전달하는 방법을 찾는 것이다.

(2) 광고목표의 설정

고객은 다단계의 의사결정과정을 거쳐 연회상품을 결정한다. 한 번의 광고로 이 모든 단계에 영향을 미치기란 어려우므로, 한 광고당 목표를 설정하여 이 목표를 달성하는데 주력해야 한다. 광고목표 설정에 활용되는 모델에는 효과단계 모델(Hierarchy-of-effects Model)이 있다.

효과단계모델은 고객구매결정의 단계를 인지(Cognition), 감성(Affect), 행동(Behavior)으로 분류하고, 이를 다시 인식, 지식, 호의, 선호, 확인, 구매의 여섯 단계의 과정으로 세분화하고 있다. 어떤 신상품이 고객의 인식(Awareness)을 높이는데 있다면 브랜드명과 상품명을 반복해서 제시하는 방법을 사용할 수 있다. 광고소구 대상의 연회관련 지식(Knowledge)을 높이기 위해서는 위치, 가격 등 구체적인 정보를 제공한다. 특히 자사가 내세울 수 있는 속성들에 대한 정보를 효과적으로 전달하면 자사의 경쟁우위를 표적시장에게 인지시킬 수 있다.

표적시장이 자사상품에 대해 중립적이거나 비우호적인 감정을 보유하고 있다면 경쟁사에 비해 자사 연회상품을 선호(Preference)하도록 하기 위해서는 차별화 전략, 비교광고 등을 통해 고객으로 하여금 자사호텔의 비교우위를 인식하도록 해야 한다.

'확신(Conviction)' 단계에서는 고객이 구매에 확신을 가지는데 광고목표를 설정한다. '구매(Purchase)' 단계에서는 각종 혜택이나 프리미엄 제시와 할인과 같은 판촉전략의 병행하여 고객의 최종 구매단계로 이끌어 내도록 유도한다.

Chapter * 9

연회 판촉

Chapter 9
연회 판촉

제1절 연회 판촉의 개요

1. 연회 판촉의 개념

연회 판촉은 연회행사를 유치하는 것이다. 연회상품의 판매증진에 효과적인 수단은 수준 높은 시설, 질 좋은 식음료와 함께 정성어린 서비스로 고객이 만족했을 때에만 가능할 것이다. 고객의 만족은 또다시 구전에 의해 발 없는 판촉수단이 되어 연회 판매량 증대에 기여하게 된다. 때문에 외부판촉활동과 더불어 내부고객관리에도 만전을 기하는 것이 중요하다.

연회상품의 가장 효과적인 판매촉진수단은 인적 판매로써 주어진 거래선의 예상고객이나 단체에 방문을 통한 판매활동을 하는 것이다. 인적 판매가 중요한 이유는 첫째, 광고, 판매촉진, 홍보와 더불어 촉진믹스요소 중 가장 중요한 촉진수단의 하나라 하겠다. 대부분의 회사가 인적 판매를 중요한 판촉수단의 하나로 간주하고 있는 이유 중의 하나는 그 신축성에 있다고 할 수 있다. 즉 광고, 판매촉진 및 기타의 촉진수단이 비인적 대량 커뮤니케이션에 의해 이루어지고 있는 반면에, 인적 판매는 인적 · 개별적 커뮤니케이션에 의존하고 있기 때문에 판매원은 각 고객의 욕구, 동기, 행동에 따른 판매제시(Sales Presentation)가 가능한 것이다. 더욱이 판매원은 특정의 판매제시에 대한 고객의 반응을 직접 대면관계에서 관찰할 수 있기 때문에 그 반응에 따라 즉각적인 조정을 할 수가 있는 것이다.

인적 판매가 중요시되는 둘째 이유는, 노력의 낭비를 최소화할 수 있다는 데 있다. 즉 광고비의 대부분은 메시지가 비 잠재고객에게까지 송달되는 데 소요되지만 인적 판매에서는 가장 유망한 표적 고객만을 대상으로 하기 때문에 비용의 절약이라는 점에서 보다 효과적일 수가 있다.

셋째, 다른 촉진수단이 고객들의 주의나 관심이라는 중간변수를 자극시킬 수 있음이 고작인데 반해, 인적 판매는 구매행동을 불러일으키거나 소유권 이전까지를 가능케 하는 것이다.

넷째, 판매원은 순수한 판매업무 이외에도 가령 고객신용, 고객태도, 회사에 대한 고객불만 등에 관한 정보를 제공해 줌으로써 회사의 고객서비스 개선에 간접적으로 기여하고 있다.

판매촉진사원은 잠재고객의 명단수집 및 연회개최시기, 연회의 종류 등의 자료수집 및 이를 통한 효과적인 판매활동을 해야 한다. 또한 연회판촉과 연회예약은 상호 긴밀히 협조해야 할 필요성이 있다. 그래서 연회예약부서와 연회판촉팀은 같은 사무실을 쓰는 경우가 많으며 조직도 일원화되어 있는 호텔이 많다.

2. 연회판촉사원의 역할과 판촉방법

1) 연회 판촉사원의 역할

연회 판촉사원(BQ Sales Man)은 행사유치를 위하여 고객과 접촉하며, 고객이 필요로 하는 정보를 제공하며 연회 판촉에 필요로 하는 정보를 수집하고, 유 무형의 호텔상품을 판매하며, 거래선을 관리하고 고객에 대해서는 호텔을 대표하는 역할을 수행한다.

판촉사원(Sales Man)은 자신이 담당하는 거래선에 대하여 호텔 전반에 대해 소개하며 객실 Food & Beverage, 기타 상품을 판매한다. 특히 연회판촉은 시장조사 및 거래서 관리를 통해 정보를 모집하고 모집된 정보에 의해 행사를 추적유치하며 행사 주최측과 상세한 협의를 하여 좋은 행사가 이루어지도록 관계부서와 긴밀한 협조를 이루어야 한다. 이를 위해서는 보통 어떤 행사가 확정예약되기 전에 연회서비스(현장) 지배인과 상의하여야 한다. 연회서비스 지배인에게 해당 행사에 대한 각종 정보를 수시로 알리고, 변경사항이 생기는 경우도 서비스지배인이 행사준비를 원활히 할 수 있도록 미리 알려주어야 한다.

행사가 진행되는 동안은 자신이 계약한 행사에 참석(Attend)하여 문제점을 처리하며 사후관리(After Care)를 하여 고객과 긴밀한 유대관계를 유지하도록 한다. 특히 판촉요원은 연회서비스지배인에게 고객을 소개시켜 주어야 한다. 그 이유는 연회장의 시설이나 연회에 필요한 식음료와 같은 사항들을 서비스지배인을 통해 자세히 알아야 하기 때문이다. 이런 방법으로 고객의 욕구를 최대한으로 충족시켜 주고 동시에 최고의 서비스를 제공할 수 있다. 또한 판촉담당자와 서비스지배인의 신속한 일처리와 협조는 단골고객의 수를 배가시킬 수 있을 것이다.

연회 판촉요원의 주요 업무는 다음과 같다.

① 일일방문 활동
② 일일방문계획서 작성
③ 주간 월간방문계획서 작성
④ 기존 거래선 관리 및 신규 거래선 개척
⑤ 연회행사 정보수집(고객들의 동태 및 행사계획에 대한 정보)
⑥ 매출목표 달성 대책 수립
⑦ 연회행사 계약체결
⑧고객관리(고객 불편사항 처리, 사후관리)
⑨ 행사 Follow up(계약한 행사에 참석)

2) 연회판촉의 방법

호텔상품이 불특정 다수에게 판매목표를 가지고 있기 때문에 각종 방법을 최대한 이용하여 고객에게 관심을 갖게 하여 구매의욕을 북돋워 줄 필요가 있다. 그러므로 판매촉진 매체 중 어느 한 매체에 지나치게 의존하지 말고 보다 적극적인 자세로 여러 판매 매체를 이용하여 다양한 시장에 접근하여야 한다.

호텔 연회판촉의 방법으로는 다양한 매체를 이용하게 되는데, 판촉매체별 특성과 장·단점은 다음과 같다.

첫째, 직접방문판촉은 항상 고객과 직접 상담하기 때문에 예약의 확률이 높아지고 고객에게 더욱 자세한 내용을 알릴 수 있는 반면, 출장비용의 증가로 인한 예산의 문제와 시간이 많이 소비된다는 단점이 있다.

둘째, 전화를 이용한 연회판촉은 직접방문의 효과를 가지면서 출장비용도 절약된다. 또한 FAX와 연결되어 있으면 여러 인쇄물의 빠른 전달도 가능하다. 특히 고객의 질문사항이 있을 경우 편리하게 대응할 수 있다. 그러나 이 방법은 직접상담이 아니기 때문에 고객의 욕구를 정확히 파악하는 것은 어렵다. 따라서 고객확보가 직접방문 판촉보다는 떨어진다.

셋째, 비디오 우편을 통한 연회판촉은 시각효과를 가지고 우편을 통해 고객들에게 쉽게 전달할 수 있다. 비디오는 복사가 가능하기 때문에 넓은 용도로 사용될 수 있다. 그러나 이 방법은 처음 비디오를 편집할 때 드는 비용이 매우 크고 비디오를 받은 고객들이 VCR이 없으면 사용이 불가능하다는 단점이 있다.

넷째, 우편물을 통한 연회판촉은 고객이 필요로 하는 정보를 보낼 수 있으며 비디오 제작과 배달보다는 예산비용이 적게 들어간다는 장점이 있는 반면, 우편광고에 대한 고객의 관심도가 낮고 우편수송이 자주 지연되거나 누락되는 경우가 많아 판촉효과가 떨어진다는 단점이 있다.

다섯째, 잡지광고를 이용한 연회판촉은 다양한 층의 고객들에게 접근이 가능하다. 특히 무연과 관련된 잡지에 호텔연회에 대한 안내광고를 싣게 되면 고객들에게 널리 알릴 수 있는 장점이 있다. 하지만 잡지는 주간, 월간 식으로 발간되기 때문에 광고수명이 짧다. 즉 한 번 보고 버려진다. 또한 고객들의 욕구를 1대 1로 파악할 수 없기 때문에 잠재고객의 파악이 어렵다.

여섯째, 라디오광고를 이용한 연회판촉은 메시지를 음향효과로 강조할 수 있고 특정 고객층을 겨냥한 시간대를 선택해 광고가 가능하다는 장점이 있으나 광고 수명이 짧고 단체고객의 유치가 어렵다는 단점이 있다.

일곱째, TV광고를 이용한 연회판촉은 음향효과와 시각효과가 동시에 가능하며 전체적인 이미지의 개선과 고객과의 거리를 좁힐 수 있다는 장점이 있으나, 비용이 엄청나게 비싸며 광고 수명 또한 짧다는 단점이 있다. 특히 TV광고는 연회행사를 주관하는 고객들에게는 간접적인 판촉효과 밖에 나지 않는다.

여덟째, PR광고를 이용한 연회판촉은 간접적인 광고로써 호텔 전체의 이미지를 개선시킬 수 있으며, 연회행사와 이벤트행사를 광고보다 강력하게 어필할 수 있는 특징이 있다. 반면 PR광고는 직접적으로 판매를 촉진시킬 수 없으며 광고 비용이 비교적 바싼 편이다.

3. 연회판촉사원의 주요 업무

판촉사원의 주된 업무는 방문판촉활동(Sales Call), 행사유치, Attlend Service, After Care, 고객관리, 리포트 작성 등으로 구분할 수 있다.

1) 방문 판촉활동(Sales Call)

호텔의 판촉사원은 유형의 상품(객실 연회)과 무형의 상품(서비스)을 판매한다. 이같은 호텔상품을 판매하기 위해 판촉사원은 무단히 자기계발을 해야 한다.

효과적인 판매를 위해서는 사전에 치밀한 계획을 세우고 판촉활동에 필요한 모든 자료를 준비하도록 해야 한다.

첫째, 방문계획을 작성한다. 방문계획은 일일방문계획, 주간 방문계획, 월별 방문계획을 작성하여 방문거래선에 관한 정보를 최대한 수집하여 분석하고 판촉을 진행하여야 한다.

2) 행사의 유치

연회 판촉사원은 사전 정보가 입수가 행사 유치에 절대적으로 작용한다는 점을 인식하고 선 정보입수에 전력을 기울여야 한다.

행사를 유치하기 위해서는 이미 입수된 정보에 의해 행사 담당자와 접촉하는 동시에 결정권자가 누구인가를 파악하여 접촉할 수 있는 방법을 강구해야 한다.

결정권자의 동향, 출신학교, 경력 및 인맥 등은 결정권자에게 쉽게 접촉할 수 있는 방법이 되는 것으로, 모든 방법을 동원하여 결정권자가 쉽게 결심할 수 있도록 총력을 기울여야 한다.

연회 판촉사원이 행사를 유치하기 위해서는 고객으로부터 신뢰를 받을 수 있는 자세를 보이는 것이 무엇보다도 중요하며, 특히 어떤한 수단과 방법을 강구해서라도 꼭 유치하고야 말겠다는 강력한 신념과 목표의식을 가져야 한다.

3) Attend Service(Follow up Service)

연회판촉사원의 Attend는 중요한 업무 중의 하나로 주최측에 대해 행사를 성공적으로 마칠 수 있도록 성의를 표시하는 것이다.

행사진행 중 발생하는 문제점이나 급히 발생하는 업무를 처리하기도 한다. 또한 새로운 정보를 획득할 수 있는 기회도 되며, 평소 접하지 못했던 거래선의 경영자나 책임자도 자연스럽게 접촉할 수 있는 기회이며 차후 행사를 유치할 수 있는 계기도 된다.

행사가 시작되기 전에 주최측의 담당자는 사전 점검을 한다. 따라서 연회 판촉사원은 주최측의 행사장에 대한 점검이 있기 전에 자신이 유치한 행사가 Event Order에 기록된 대로 관련부서(연회서비스, 조리, 음향 등)에서 준비하고 있는지 체크할 필요가 있다.

행사주최측 담당자가 오면 현장의 책임자(지배인)를 소개시켜서 행사에 차질이 없도록 한다. 연회 판촉사원의 Attend는 또한 회사 내부의 관계부서 준비에 대해 확인 감독 및 견제의 역할도 있다.

연회판촉사원의 행사전 점검사항은 다음과 같다.

- Food
- Beverge : Hard Drink, Soft Drink Glass 등
- Decoration : Flower, Ice Carving
- Menu Card
- Sign Board
- Seating Board
- Audio System : Mic, 녹음, BGM
- Lighting System
- Piano
- Table Plan

4) 사후관리

행사가 끝난 후 주최측 회사에 답방하여 거래선을 관리하는 것은 판촉에 있어서 대단히 중요한 일이다. 행사가 끝나고 1일 또는 2일 후에 행사가 있었던 거래선을 방문하여 행사시 불편했던 사항이나 Complaint을 듣고 행사에 대한 감사를 표시하는 것이 바로 고객관리 After Care이다.

이것은 거래선 관리의 한 방법이며 고객으로부터의 차후 행사를 유치할 수 있는 주요 동기를 부여하는 계기가 된다.

연회 판촉사원의 After Care방법으로는 다음과 같은 것이 있다.

- 연회 판촉사원의 직접 방문
- Thank you Letter 발송
- Thank you Phone Call(Happy Call)
- 관계 있는 연락자를 이용하는 방법

제2절 연회 세일즈

1. 판촉계획 수립

1) 판촉계획 수립

판촉계획에는 중장기 판촉계획(5년 이상)과 단기 판촉계획(연간 판촉계획), 그리고 월별·주별·일별 판촉계획이 있다. 보다 효율적인 판촉활동을 전개하기 위해서는 판촉활동에 대한 철저한 계획이 짜여져야 된다. 판촉활동은 활동 즉시 효과로 이어지는 것이 아니기 때문에 계획적으로 시행하지 않으면 나태해지기 마련이다. 따라서 판촉전략에 의한 충분한 토의과정을 거쳐 완성된 판촉계획이 필요하며, 이의 차질 없는 시행을 통하여 판촉효과를 배가시킬 수 있을 것이다.

특히 방문판촉활동은 계획이 중요하며, 계획대로 시행되도록 독려해야만 된다. 관리자는 판촉사원들의 방문판촉계획을 일별·주별·월별로 세분화 하여 제출하게 하고, 잘못된 점을 보완하여 시행될 수 있도록 해야 된다. 다음사항은 판촉계획을 수립하는 데 있어서 기본방안에 대한 사례이다.

판촉활동의 기본방안은 다음과 같다.

① 주차장 사용을 편리하게 개선하고 발렛 서비스(Valet Service)를 실시하여 좋은 환경을 제공하는 호텔로 인식시킨다.

② 교육계획에 의한 반복훈련을 실시하고 최선의 서비스를 제공하며 직원의 분기별 Good Service Contest를 실시하고, 상품의 기획 및 특별행사일 기록유지 및 사은품을 제공하여 좋은 서비스를 하는 호텔로 인식시킨다.

③ 진귀한 음식메뉴와 타 경쟁호텔보다 좋은 음식을 제공하여 좋은 음식과 음료수를 판매하는 호텔로 인식시킨다.

④ 탄력성 있는 가격정책의 운용으로 타 경쟁사의 덤핑에서 이길 수 있는 좋은 가격의 호텔이 되어야 한다.

⑤ 신규 경쟁사에 뒤지지 않는 신 프로젝트와 구매에서 판매까지의 원가관리의 합리화, 호텔이미지 부각, 지속적 성장을 위한 고객의 평판과 인식에 부합되는 좋은 경영을 하여야 한다.

2) 목표할당

인적자원 관리상의 목표는 대체로 매출액 목표, 이익목표, 비용목표, 활동목표로 구성된다. 이 중 매출액 목표를 설정하기 위해서는 우선 일정기간에 대한 판매예측이 수행되어야 한다. 판매예측을 위해서는 시장잠재력이나 판매 잠재력이 고려되어야 하는데, 시장잠재력이란 특정한 지역에 있어서 일정한 조건 아래 제품계층의 모든 공급업자에 의해서 이루어질 수 있는 전체 매출액을 말하며, 판매 잠재력이란 위와 동일한 지역조건 아래서 특정한 기업이 달성할 수 있는 매출액을 말한다. 목표의 할당은 기업에 의해 설정된 목표를 판매원별, 지역별, 제품별, 고객별로 할당하는 일이다.

3) 연회 판촉활동의 결산

판촉활동을 결산하는 것은 판촉활동에 대한 효과를 측정하여 판촉관리의 합리화를 달성하기 위해서 실시하는 것이다. 판촉계획에 의해 시행되었던 판촉활동과 관련되는 모든 사항, 즉 방문판촉활동 사항, 고객관리 사항, 신규고객개척 사항, 연수수주 사항 등 연회 판촉활동과 관련된 모든 사항을 망라한 결산보고서가 작성되어야 한다. 결산보고서도 연간 · 월간 · 주간에 따라 분류하여 적성하여 보고하도록 하는 것이 더 효과적이다.

또한 연회 수주량에 따른 실적관리를 MBO(Management by Objective) 방식에 의해 실시하였다면 관리자는 목표량을 초과 달성한 사원에게는 포상을 주고, 목표량을 미달한 실적을 올린 사원에게는 어느 정도 질책과 차후의 실적이 나아지도록 독려해야 한다.

2. 연회거래선 관리

거래선이라 함은 당 호텔에 연회행사를 제공하여 주는 거래처를 말하는데, 연회행사의 주최자이기도 하다. 호텔의 연회판촉부서에서는 거래선을 부문별로 세분화하여 시장의 특성에 적합한 마케팅전략을 구사하여 연회 매출증진에 힘써야 한다.

1) 연회 거래선 분류기준 및 관리법

거래선 분류는 통상적으로 크게 정부, 지방자치단체, 관공서부문 / 국내 단체부문/ 국내 기업부문 / 외국인부문 / 가족모임 / 특별행사부문으로 많이 나누고 있으나 구체적으로 예를 들면 다음과 같다.

- 정부 및 관청
- 군 관계 및 일반 기업체
- 학계 및 금융기관
- 사회단체
- 종교단체
- 여행사
- 제약회사 및 의학관계
- 여성단체 및 학술단체

2) 거래선 관리

거래선의 내용을 정확히 분석하여 현재 어떤 형태의 연회 등이 있는지를 파악하기 위하여 주기적으로 방문하는 등 긴밀한 유대관계를 강화함으로써 효율적인 거래선 관리와 판매증진을 기할 수 있다.

거래선 명부의 기재내용은 거래선의 경력과 거래현황, 경영자의 경력과 수완, 가족관계, 종업원 현황, 중요 간부직원의 인적 사항 및 교우관계, 경영상의 특징 등을 기록해야 한다.

이와 같은 거래선 명부는 거래상황의 기입에 의해 거래실적을 확인할 수 있으며, 매출확보 및 안전한 거래조건의 기초자료가 된다. 또한 거래선 명부를 활용하여 시장분석이 가능하며, DM발송과 신규 거래선 개척의 기초자료로도 활용이 가능하다는 데 큰 이점이 있다.

거래선은 기존 이용거래선 중 매출액 순위 100대 거래선을 따로 분류하여 중점적으로 관리해야 하며, 경쟁호텔의 50대 거래선을 입수하여 전략거래선으로 집중 공략해야 한다.

또한 기존 거래선은 심층분석하고 관리하여 기존 거래선에서 발생되는 연회행사를 경쟁호텔에 빼앗기는 일이 없도록 해야 되며 신규거래선 개척에도 심혈을 기울여야 한다.

3. 판촉회의

판촉회의는 새로운 정보사항을 교류하고 업무에 대한 준비 및 영업방침 수립, 문제점해결을 위한 회의이다. 판촉회의를 통하여 시장관리, 정보관리, 거래선관리 등을 보다 효율적으로 하게 되어 연회 매출증진을 꾀할 수 있다.

판촉회의는 부 단위 미팅과 과 단위 미팅, 그리고 세일즈팀 단위의 미팅으로 나누며, 이러한 미팅은 1일 미팅, 주별 미팅, 월별 미팅으로 나누어 실시된다.

부 전체가 참석하는 회의는 호텔에 따라서 약간 차이는 있지만 주 2회 정도 실시한다. 과 단위 미팅은 과장 주재로서 연회예약과와 함께 전체회의를 실시한다. 예약팀과 판촉팀 간에 서로의 문제점을 토의하고 각자의 의경을 제시하도록 한다.

기간별 미팅으로는 먼저 1일미팅이있다. 1일미팅은 세일즈맨은 각 팀별로 1일 판촉활동에 앞서 방문 판촉활동 계획서를 팀장에게 제출하여 최종점검을 받게 되며, 방문 판촉활동과 관련된 지시사항 및 복장점검 그리고 간략한 교육과 전날 방문 판촉활동의 주요 사항과 당일 판촉활동에 대한 주요 사항에 대한 보고와 토의시간을 갖게 된다. 주별 미팅은 부서장 주관 하에 팀별 일주 간의 판매활동보고서를 작성하여 보고계통의 부서장에게 보고하며 부서장은 해당 주간의 보고서에 대한 분석과 다음 주별 중점 판촉활동에 대한 토의를 하게 된다. 마지막으로 월별 미팅으로 판촉부서장은 월간 판촉활동에 대한 전반적인 사항에 대한 보고서를 작성하여 상부 경영층 및 총지배인에게 보고하며 당월의 판촉계획서를 작성하여 경영층의 재가를 득한다. 또한 관련부서와의 업무협조관계에 대한 조정이 필요한 경우 이 미팅에서 협조를 구하게 된다.

Chapter * 10

연회 이벤트 기획

Chapter 10
연회 이벤트 기획

제1절 연회 이벤트의 개요

1. 연회 이벤트의 목적

연회 이벤트(Event)는 마케팅 측면에서 판매촉진(Sales Promotion)의 일환이다. 호텔 연회 이벤트 역시 이러한 차원에서 실시하는데, 구체적으로는 다음과 같은 목적 때문이라고 할 수 있다.

첫째, 한 번의 행사로 인하여 많은 매출을 올릴 수 있는 전략적 차원이다.

즉 호텔의 연회 이벤트는 여러 부문에 있어서 효과가 발생되지만, 그 행사 자체로서도 호텔매출 신장에 기여하게 된다. 즉 새로운 상품과 기존상품을 혼합시켜(쇼+음식) 새로운 상품을 개발함으로써 매출신장에 기여함과 동시에 독립적 행사로서 일정한 이익도 달성한다. 다시 말해, 호텔의 이벤트는 일거다득(一擧多得)을 거둘 수 있는 값진 것이라고 할 수 있다.

둘째, 비수기 타개책이다.

전통적인 비수기인 경우 호텔 내의 침체된 분위기를 특별한 이벤트 행사를

연회 이벤트 전경

통해 활력을 줄 수 있다. 이벤트를 개최함으로써 일상적인 영업 및 서비스로부터 오는 진부한 느낌을 타파하고 호텔에 생동감을 불어 넣을 수도 있다. 계절적으로(어린이날, 어버이날, 크리스마스, 연말·연시 등) 이벤트를 기획하거나 출연자의 조건에 맞는(특히 외국인의 입국시기 등) 이벤트를 기획한다면 효과적일 것이다.

셋째, 호텔의 대외 홍보 차원이다.

이벤트 행사를 통하여 호텔을 외부에 알리며, 또한 이벤트의 기획물을 사회·문화 방면의 기여도가 큰 행사를 추진함으로써 호텔의 이미지를 제고시킨다. 즉 호텔의 문턱을 낮추는 계기가 되고, 따라서 호텔로부터 소외되어 있다고 느끼는 일반인들의 호텔에 대한 반항적인 감정과 불신 및 거부감을 해소시키는 데 적지 않은 역할을 하게 된다. 더 나아가 호텔이 지역문화 창달의 매개 장소라는 새로운 이미지를 부각시킬 수 있는 계기가 되기도 한다.

넷째, 대고객 서비스 차원에서 실시한다.

호텔의 이벤트는 호텔을 이용하는 고객들에게 색다른 기획상품을 제시함으로써 고객의 욕구에 부응할 수 있는 차원에서 실시한다. 호텔을 이용하는 단골고객들은 변함없는 서비스에 만족해하기도 하지만 일상적인 서비스에 식상해할 수도 있다. 이벤트는 이러한 단골고객들에게 호텔의 새로움을 맛보게 하기도 하며, 또한 단골고객들에 대한 사은의 장을 마련할 수도 있을 것이다.

2. 호텔 연회 이벤트의 종류

1) 호텔 자체 연회 이벤트

이벤트란 정상적인 매출을 제외한 기획 상품으로서 수없이 많은 종류가 있으나 크게 호텔 자체 연회 이벤트와 외부 이벤트로 나눌 수 있다. 호텔 자체 연회이벤트는 호텔 측이 직접 주관하여 기획하는 이벤트를 말한다. 예를 들면, Dinner Show, Concert, 특정일 이벤트(어린이 날, 어버이 날, 옥토버 페스트, 크리스마스, 송연의 밤) 등이 있다. 이와 같은 이벤트는 연중 일정하게 개최되는데, 연간 연회 이벤트의 일반적인 카렌더는 다음과 같다.

날짜	이벤트	주 내용
연중	디너쇼, 콘서트	음식과 엔터테인먼트 중심 프로그램
5월 5일	어린이 날 이벤트	음식과 어린이를 위한 프로그램
5월 8일	어버이 날 이벤트	음식과 어버이를 위한 프로그램
10월 초	옥토버 페스트	독일의 전통 축제를 재현한 프로그램(맥주+음식)
12월 24일	크리스마스 이벤트	크리스마스 이브 가족과 연인을 위한 프로그램 (음식+레크리에이션)
12월 31일	송년의 밤 이벤트	한 해의 마지막 날을 가족과 함께하는 프로그램(음식+레크리에이션+새해맞이)
연중	Gala Dinner	음식과 엔터테인먼트 중심 프로그램

2) 외부 이벤트

외부 이벤트는 이벤트 기획사 또는 특정 단체나 개인이 개최하는 것으로서 호텔 측에서는 대여 또는 식사만 판매하는 것을 말한다. 예를 들면, 패션쇼, 콘서트, 디너쇼, 콘테스트, 시상식, 복싱 등 스포츠 이벤트가 있는데, 디너쇼와 콘서트와 같은 이벤트는 호텔 자체 이벤트로 기획하는 경우도 있다.

이벤트 홍보용 이미지지 자료

제2절 연회 이벤트 기획

이벤트 기획은 앞에서 언급한 바와 같이 호텔이 직접 주관하여 기획하고 진행하는 방법과 이벤트 기획사가 모든 것을 주관하되, 호텔 측에서는 식사와 연회장을 대여 판매하는 방식의 두 가지 형태가 있다.

1. 호텔 주관 이벤트

연회 이벤트의 기획은 크게 이벤트 기본계획 수립 → 엔터테인먼트 섭외 → 식음료 기획 → 무대 및 시설 기획 → 가격결정 및 예상수익계산서 작성 → 티켓 및 홍보물 제작 → 광고 및 홍보 → 티켓 판매 → 행사 후 손익분석 순으로 진행된다.

1) 이벤트 기본계획 수립

이벤트 기본계획 수립을 위하여 먼저 어떠한 형태의 이벤트를 진행할 것인가를 결정하여 충분한 시장조사와 정보수집을 하여 결정하여야 한다.

2) 엔터테인먼트 섭외

연회 이벤트 기본계획이 수립되면 먼저 가수, MC, 개그맨 등 엔터테인먼트부터 섭외를 해야 하는데, 연예기획사나 연예인 매니저 등을 통하여 가능하다. 섭외가 되면 호텔 측과 연예기획사 측 사이에 출연료 및 출연날짜, 시간, 횟수, 등을 협의한 다음 만약의 사태를 위하여 상호 계약서를 작성해야 한다.

3) 식음료 기획

이벤트에서 일반적인 식사의 메뉴는 디너쇼의 경우 양식세트 코스, 특정일 이벤트 중에서 어린이 날 행사에는 뷔페, 그리고 어버이 날, 크리스마스, 송연의 밤

행사 등은 양식세트 코스 또는 뷔페로 구성한다. 음식은 티켓 가격에 포함되어 있지만 음료는 포함되어 있지 않으므로 당일 행사장에 연회장 바(Bar)를 설치하여 직접 판매한다. 단, 콘서트는 대부분 식사제공 없이 입장료만 징수하게 된다.

4) 무대 및 시설기획

이벤트 행사는 연회장을 특별히 꾸며야 하는데, 특히 특별무대의 설치와 음향 및 조명 등의 시설적 지원이 뒷받침되어야 한다, 이와 같은 무대 및 시설에 대한 기획은 사전에 엔터테이너 측과 협의가 필요하며, 부족한 시설 및 기기에 대해서는 전문업체로부터 대여를 고려해야 한다.

5) 가격결정

이벤트 행사의 직접원가를 구성하는 주 요소는 엔터테이너 비용, 제공되는 음식, 홍보물 제작 및 광고의 비용 등이다. 이와 같은 직접원가에 적절한 마진을 더하여 입장(티켓) 요금이 결정되는데 , 좌석의 구분, 즉 S석(특석), A석, B석 등에 따라 차별화하여 가격을 결정한다.

6) 예상수익계산서 작성

예상수익계산서를 작성하여 예상매출액(티켓판매액+음료판매+기타)과 예상비용(출연료+음식+음료+예매처 판매수수료+광고비+홍보물 제작 및 발송비+기타) 등을 산출하여 수익이 남는지를 산출해보아야 한다.

7) 티켓 및 홍보물 제작

엔터테이너가 섭외되고 가격이 결정되면 티켓 및 홍보물을 제작한다. 티켓은 입장의 권리를 부여하는 증명서로서 고유의 일련번호, 행사명, 행사일시, 장소, 가격, 좌석번호, 입장에 따른 주의사항 등이 기재되어야 한다. 주요 홍보물로서 포스터와 전단지, 호텔의 뉴스 레터 그리고 배너(Banner) 등이 있다.

8) 광고 및 홍보

이벤트 행사를 고객에게 알리기 위해서는 광고 및 홍보를 해야 하는데, 예산의 범위 및 각 미디어의 장단점을 잘 파악하여 매체를 선정한다. 광고는 매체를 유료로 활용하는 것으로서, 주로 TV의 스팟(Spot) 및 자막광고, 라디오 및 신문광고 등이 있다. 이에 비하여 홍보는 매체를 무료로 활용하는 것이데, 호텔의 홍보실과 협조하여 보도자료를 만들고 그것을 신문에 기사화하도록 한다.

또한 제작된 홍보물은 호텔 내 · 외에 부착 또는 비치하거나 판촉직원들이 세일즈 콜을 갈 때 활용하며, 시내의 티켓 판매처에도 배부한다. 그리고 주요 고객에게는 전단지와 뉴스레터 등을 직접 우편발송(DM)하여 알린다.

9) 티켓 판매

티켓 판매는 일반적으로 호텔 내부 판매처, 판촉직원을 비롯한 호텔직원에 의한 인적 판매, 시내 판매처 등에서 이루어진다. 특히 시내 판매처로 주로 대형 서점, 악기사, 제과점, 레스토랑 등을 활용하는데, 이들 업체에게는 판매에 대한 일정부분의 수수료를 지급한다. 일반적으로 수수료는 판매액의 5~10% 정도이다.

10) 행사 후 손익분석

이벤트 행사가 완료되면 손익계산서를 작성하여 적자 또는 흑자의 규모를 분석한다.

2. 이벤트 기획사 주관

이벤트 기획사가 주관하여 디너쇼 등을 진행하는 경우는 호텔 측에서는 식음료와 무대시설 등을 지원하고 나머지 엔터테이먼터 섭외, 홍보물 제작, 광고 및 홍보, 티켓 판매 등은 이벤트 기획사가 책임을 진다. 이에 대한 내용은 상호 계약서를 작성하여야 한다.

Chapter * 11

국제회의

Chapter 11
국제회의

제1절 국제회의의 개요

1. 국제회의의 개념

국제회의란, 어떤 특별한 사항을 심의 결정할 목적으로 사전에 일정을 잡고, 여러 나라의 대표자들이 모여서 지식과 정보를 교환하고 필요에 따라 부수적인 행사를 수반하는 공식적인 회의이다. 우리나라 경제 사정이 높아지고 국제적 공신력이 높아감에 따라 각종 국제회의가 빈번해지고 있다. 국제회의 종류에는 여러 가지가 있다. 하지만 한 건의 국제회의라도 소홀히 하면 당 호텔 망신은 물론 이거니와 국가 간의 분쟁도 발생할 수 있다는 사실을 연회 담당자는 명심하여야 한다.

보통 국제회의에서 발표자는 Microphone을 사용해서 발표한 내용을 말하고, 이것을 통역자가 수신하여 각국어로 번역하여 다시 보내면 참석자는 수신기의 Channel에 의하여 자국어(自國語)로 선택해서 듣게 된다.

국제회의를 준비할 때에는 Microphone의 수량은 발표자의 인원과 같게 하고 Booth와 통역자의 인원도 사용 국어수에 따라 결정된다.

Class Room Style의 국제회의를 위한 준비된 모습

이와 같이 회의 종류와 규모에 따라 기기(機器)의 수량이 달라지므로 주최자와의 충분한 협의가 반드시 있어야 한다. 또 국제회의에서는 대회의장 외에 소회의장, 사무국, Press Center 등이 필요한 경우가 많으므로 예약담당자는 회의 내용을 충분히 검토하여 충분한 준비작업을 하여야 한다. 또한 회의에 따라 정찬, Cocktail Reception, Coffee Break 시간이 별도로 있을 수 있기 때문에 담당자는 주최자와 사전에 충분한 협의를 해야 한다.

보통, 회의라고 하면 통상적으로 M/T(Meeting)란 인식이 있는 것 같다. 그래서 다음은 각종 국제회의를 종류별로 그 성격을 알아본다.

2. 국제회의 개최기획

국제회의 개최기획(Convention Planning)은 되도록 조기에 작성하여 회의준비단을 조직하고, 업무분야별 담당자 선발, 각 위원회별 위원 임명 등 모든 준비활동을 조직기구를 통하여 조정해 나가도록 해야 한다.

1) 공식담당 요원 선정

국제회의 개최 준비위원회 의장(회장), 부의장(부회장), 사무국장, 준비위원회 위원선정 등 회의준비단을 구성하는 각 담당인물을 결정하여 회의개최를 위한 다음의 기초과정을 준비한다.

① 준비위원회 하부기구로서 각 분과위원회를 구성하여 개별업무 부여
② 분과 위원회별 책임자 지명
③ 기획 마감일 선정
④ 사무국 요원 선출, 지명, 고용
⑤ 재정 및 감사활동 통제
⑥ 특별활동에 대한 자문 및 결정
⑦ 모든 프로그램 및 공식행사 확인
⑧ 제반 문서 통제
⑨ 정책 관련 재결정사항 인준

2) 회의명칭 및 주제 결정

① 회의명칭 : 영문, 국문 또는 필요한 외국어로 공식명칭 결정
② 회의주제 : 회의목적을 쉽게 이해할 수 있는 제목으로 결정하여 기본적인 회의주제를 선택하고, 모든 활동을 회의주제에 관련시키며, 대표들의 관심 환기로 많은 참석을 유도할 수 있는 주제를 선택한다.

3) 개최지 선정(Site Selection)

다음 사항을 고려하여 결정한다.

① 어느 도시 또는 지방이 회의운영에 적합한가(도심지 또는 휴양지)?
② 예상 참가자 수의 수용에 적절한 회의장이 있는가?
③ 여행거리에 따른 참가자들의 반응여부는?

④ 숙박시설이 충분하고 수준급인가?
⑤ 회의실 수와 크기는 적절한가?
⑥ 교통상의 문제점은?
⑦ 적절한 여흥 프로그램 준비가 가능한가?
⑧ 관광측면에서 특수한 매력이 있는가?
⑨ 기후문제는?

4) 공식일정

① 1년 중 특수한 시기를 선정할 만한 이유가 있는가?
② 가장 적절한 시기는 언제인가?
③ 관광 성수기와의 경합여부, 공휴일, 부활절, 크리스마스와 지역축제, 스포츠행사 등 현지사정 고려
④ 기타 다른 회의와 개최시기 중복으로 인한 지장 여부
⑤ 각종 행사일정과 기상관계 고려

5) 참가예상인원

① 국가별 참가예상인원
② 행사별 참가예상인원
③ 예상되는 언어분포 및 공식언어 결정

6) 회의장 선정

① 개 · 폐회식, 각종 회의, 사교행사, 전시회 등 용도별 개최장소 유무
② 컨벤션 호텔의 경우 필요한 제반 서비스를 제공받을 수 있는가?
③ 대다수 객실을 이용하여 숙식할 경우 회의실 요금 할인이 가능한가?
④ 회의장 위치가 참가자들의 자유시간을 이용하여 쇼핑 또는 관광을 할 수 있는 지역과 가까운가?

⑤ 회의장 제반시설 점검
- 시청각 시설, 폐쇄회로 텔레지번, 동시통역시설
- 적정 조명시설 및 냉 · 온방 장치
- 방에 기둥이 없을 것
- 천장높이와 연단높이 비례관계
- 출입문은 참가자, 전시물 등의 입장에 지장이 없는가?
- 음료수, 화장실, 세면실

⑥ 별실 유무(휴게실, 상담실 등)

⑦ 식음료 제공

⑧ 전시장, 회의장, 호텔 간의 거리

⑨ 전시장 면적은 전시물의 규모, 배치 등에 적당한가?

⑩ 연회장의 규모, 임대료, 각종 설비물의 적합성 여부

7) 숙박장소 선정

① 회의장과 가까운 곳, 교통편이 좋은곳, 쇼핑, 오락, 관광 등이 용이한 곳

② 객실수는 충분한가?

③ 서비스 및 숙박요금
- 객실 종류별로 최저에서 최고요금까지 명시
- 기타 부대시설(수영장, 헬스클럽, 미용실 등) 사용시간, 요금 명시

④ 객실 위치 안내도면 비치

⑤ 제반시설 및 서비스
- 에어컨, 전화 텔레비전
- 목욕, 샤워시설
- 방음벽, 융단
- 옷장 및 충분한 휴식공간
- 룸 서비스

• 주차시설 등

8) 수송계획

(1) 항공수송계획

- 회의참가 대표들에게 원활한 항공편 제공 및 계획된 일정에 차질이 없도록 함
- 회의 참가자들의 도착예정 파악, 이동계획 작성 및 출국일자 조사
- 지역별 · 노선별 운송수요 판단
- 관광계획에 따른 국내선 항공수송계획
- 필요시 전세기운행 진행
- 항공노선 시간표 제작
- 예약데스크 운영

(2) 차량운행계획

- 회의일정, 숙소, 회의장, 관광코스, 기타 행선지별 수송인원 및 화물량 등 수요 판단
- 계획별 차종 및 차량 동원 기본방안 수립
- 수송을 위한 표시물 제작 및 차량 운행 안내책자 발간 (안내판, 스티커, 화물표, 현수막 등)
- 교통통제계획 수립

3. 회의개최 준비위원회 구성

1) 준비위원회(Organizing Committee와 Host Committee)

국제회의 개최를 위한 세부계획이 구체화되면 본격적인 준비활동을 추진해 나아갈 준비위원회를 발족시키고, 세부업무별 담당분과위원회를 조직한다.

정기적으로 국제회의를 개최하는 국제기구의 경우에는 기구 본부측의 준비위원회(Organizing Committee)와 그 회의를 유치한 국가 내의 개최준비위원회(Host Committee)가 준비업무를 분담하며 상호 협의하여 조정관계를 유지한다.

즉 본부측 준비위원회는 회의운영에 관한 준비로서 프로그램 편성, 참가, 자격결정, 회의진행시 절차, 주제, 연사 선정 및 회의내용과 활동기록 등 회의운영에 관한 준비를 담당한다. 그리고 개최국 준비위원회에서는 회의 개최를 위한 회의장 또는 전시장 행사 및 관광 등을 맡는다. 각 준비위원회의 소요경비는 자체 부담이나 경우에 따라서 본부측 경비를 개최국에서 일괄 부담하는 예도 있으므로, 상호 협의조정시 분명하게 결정해 두는 것이 좋다.

2) 사무국(Secretariat)

(1) 사전준비

사무국의 업무를 시기별로 나누면, 회의 준비기간 중에는 국제기구본부와 연결(Liaison)을 담당하고, 준비위원회 보좌 및 각 분과위원회 준비업무를 조정하며, 회의기간 중에는 서무담당, 그리고 회의 후에는 잔무정리 및 사후 처리를 하는 일이다.

① 사무국을 조직하기 전에 먼저 예상되는 업무량을 파악할 필요가 있다. 단계별 추진계획에 의한 조직적 활동계획을 세우는 것이 중요하며 세부적 업무추진량에 따라 인원을 보충한다. 회의의 규모에 따라 차이가 있으나 처음에는 3~4명으로 준비를 개시하고, 회의가 임박함에 따라 차차 증원을 하게 되므로 충분한 사무실 공간을 확보해 두는 것이 좋다.

② 국제회의 준비는 대체로 장시간의 노력을 요하게 되므로 인적 구성에 있어서 고용원보다는 유관업계 파견요원, 관계전문인, 해당 기구요원이 가장 핵심적인 구성원이 되며 국제회의 전문 용역업체를 이용할 수도 있다.

③ 사무국의 일반적 기능

- 회의준비 기본계획의 수립(사업 및 예산)
- 회계 및 행정절차의 수립
- 각 분과위원회와의 회의준비 추진협조 조정 및 행정사무 지원
- 준비 및 진행사항에 대한 보고
- 소요물자의 종합조정 및 조달
- 회의준비용 사무장비, 비품, 집기, 사무용품의 확보 및 관리
- 각종 준비를 위한 실무진회의 개최 및 결과처리업무
- 준비위원회 위원, 행사, 기타 동원인원의 명단 확보
- 회의준비 추진일지 및 각종 회의록의 기록유지
- 자문위원, 고용원, 사무국 유급요원에 대한 인사급여관리
- 국제기구 본부와의 연락업무 및 행정처리

(2) 준비위원회(사무국)의 설치

국내관계자가 입후보의 의사를 결정하고 정식으로 입후보함에 즈음하여 준비위원회를 발족시킨다. 입후보의 결과 개최가 결정되면 준비위원회는 최고의 의사결정기관이 '조직위원회'로 개칭되며 동시에 개최준비를 위한 사무국이 설치된다.

특수한 경우나 대규모로 사무업무가 과중한 경우, 그 밖의 이유로 사무국 설치가 곤란한 경우는 회의 전문용역업체(PCO)에 업무를 일부 또는 전면적으로 위탁하는 방법이 있다.

사무국은 실무를 담당하는 중요한 역할을 수행하게 되기 때문에 사무국장으로는 조직위원장과 마찬가지로 신뢰할 수 있는 인물을 뽑는 것이 중요하다. 또 빠른 시기에 조직위원회 운영요강과 회의규정 등을 작성해 놓는 것이 좋다.

* 국제회의 유치 절차(요약)

1) 국제기구 가입 국내기관의 유치의사(Intention) 확정

- 예산확보 가능성 확인

- 인력확보 점검

2) 정부기관과 유치협의 결정(Domestic Agreement)

- 정부차원에서 국제회의 개최 사전 준비사항 점검
- 필요시 국무총리, 행정조정실의 사전승인을 받음.

3) 국제기구본부에 개최신청서 제출(Bidding)

4) 회의시설 답사팀 안내(Site Inspection)

- 회의시설 소개 선전

5) 공식제의(Official Invitation)

- 개최의사 확인
- 참가대표 비자발급 서약
- 항공료 할인 보장

6) 개최지 결정(Voting)

- 통상, 국제기구의 이사회에서 표결
- 필요시 효과적 로비활동(Lobbying) 전개

7) 개최지 확인 공식서한 접수(Confirmation)

8) 전담반(Host Committee)

- 회의준비업무 개시

3) 분과위원회(Subcommittee)

국제기구 본부 및 준비위원회의 결정에 따라서 구체적인 회의의 준비 및 운영을 하는 것이 분과위원회의 일이다. 분과위원회와 같은 실제 업무담당조직에 있어서 숙박, 회의장 준비, 수송, 관광 등의 준비 및 진행시 전문업자를 참가시키는 방법이 편리한 점도 있다.

각 분과위원회는 다음과 같은 업무를 분담하게 된다.

(1) 홍보분과위원회

① 국내 및 해외에 대한 홍보선전
② 선전간행물의 제작
③ 기자회견의 준비
④ 언론인 초청 및 기자실 관리
⑤ 기타 홍보, 선전에 관한 일체의 업무

(2) 제무분과위원회

① 운영자금 조달 및 소요제원 확보
② 예산집행 계획 수립
③ 운영자금 수납, 관리 및 제반경비의 지출
④ 물품의 조달계획 및 출납관리
⑤ 결산보고서의 작성
⑥ 기타 재무에 관한 일체의 업무

(3) 수송분과위원회

① 대표 수송계획의 수립
② 국제·국내 수송 및 수송기관과의 연락, 수배
③ 교통 통제소 및 항공예약데스크 설치운영
④ 기타 수송에 관한 일체의 업무

(4) 숙박분과위원회

① 사용호텔의 결정 및 객실보호
② 숙박요금의 결정
③ 각 호텔별 객실배정 및 조정관리
④ 각 호텔과의 연락조정
⑤ 상담실 운영

⑥ 숙박데스크 설치운영

⑦ 기타 숙박에 관한 일체의 업무

(5) 사교행사분과위원회 기타

① 각종 리셉션의 실시계획 및 주최자와의 연락조정

② 각종 리셉션의 초청장 작성 및 발송

③ 리셉션 장소 확보

④ 문화행사 및 스포츠 행사 실시계획 및 연락 조정

⑤ 동반자 행사 실시

⑥ 리셉션 데스크 설치운영

⑦ 기타 사교행사에 관한 일체업무

(6) 관광분과위원회

① 회의 전후 관광종합계획 수립

② 관광데스크 설치운영

③ 관광선전물 및 제작물의 작성

④ 관광지 환영행사 주선

⑤ 기타 관광에 관한 일체의 업무

(7) 등록분과위원회

① 마스터 카드의 작성

② 회의참가자의 접수

③ 참가자 리스트 작성

④ 등록데스크 설치 운영

⑤ 각종 준비물 제작

⑥ 기타 등록에 관한 일체의 업무

(8) 의전영접분과위원회

① 출입국 편의제공

② 환영 및 안내 표지물의 제작과 부착

③ 주요행사의 영접안내

④ 기타 영접에 관한 일체의 업무

(9) 회의 및 회의장 분과위원회

① 프로그램 편선, 강연내용 등에 관한 국제기구본부와의 협의

② 초청인사 선정에 관한 국제기구본부와의 협의 및 국내 연사 선정

③ 연설문, 발표문 등 접수 및 편집

④ 회의진행 전문요원(사회자, 동시통역사, 속기사, 타자수 등) 수배와 관리

⑤ 프로그램의 편집

⑥ 개·폐회식 기획 진행

⑦ 각종 회의장 확보

⑧ 문서 처리소 설치 운영

⑨ 기타 회의 및 회의장에 관한 업무

(10) 시설분과위원회

① 통신시설 확보 설치

② 기타 부속설비에 관한 사항

(11) 전시분과위원회

① 전시관 설치운영

② 전시품 통관 편의제공

③ 기타 전시에 관한 일체의 업무

제2절 국제회의 종류

1. 국제회의의 종류

① Seminar : 일반적으로 교육을 목적으로 개최되는 회의이다. 주로 강사와

참가자와의 토론이나 강의로 진행되며 인원수는 대개 40명 전후이다.

② Work Shop : 새로운 지식이나 기술을 습득시키기 위한 모임으로써 인원수가 30명 내외로 제한되는 회의이다.

③ Clinic : 하나의 특정한 주제를 선정해 놓고 그 문제를 해결해 내는 훈련을 쌓는 소규모 회의 형식이다.

④ Conference : 일반적으로 구성된 조직 등과 같이 보편적 테마를 풀기 위한 회의 형식이다.

⑤ Forum : 토론 내용이 자유롭고 문제에 관하여 진지한 평가나 의견 교환을 하는 공개 토론 형식이다.

⑥ Symposium : 특정 주제를 놓고 연구 토론하기 위한 전문가들의 모임이다.

⑦ Panel : 미리 정해진 2명 이상의 연설자가 자기의 요점을 발표한 다음 해당 사항을 전문가들이 다시 토론하는 회의 형식이다.

⑧ Lecture : 전문가들의 강의 형식으로, 때로는 질문하고 응답하는 형식이 포함한다.

⑨ Institute : 학교 형식의 가르치는 방식으로 강좌하는 강습회 형식이다.

⑩ Colloquium : 어떤 주제를 놓고 여러 사람이 공동 토의하는 형식이다.

⑪ Convention : 한 개의 전문 직종에 한하여 정보를 전달하는 대규모 형식이다.

⑫ Congress : 보통 국제적으로 열리는 회의의 지칭이며 실무회의로써 대규모적이다.

2. 통역

(1) 동시 통역

스피커의 내용을 받아 즉시 통역에 옮겨 발송하는 통역 방식

(2) 순차 통역

스피커의 내용을 듣고 순간 순간 통역에 옮기는 방식

(3) 동 순차 통역

정상회담 등에서 볼 수 있는 방식으로 통역 설비없이 옆에서 즉시 통역해 주는 방식으로 고도의 훈련과 어학 실력이 요구되는 방식이다.

3. 국제회의 개최의 사전 준비

1) 회의성격 및 취지 파악

국제회의(행사)를 개최하는 데는 목적과 취지가 있게 마련이다. 국제회의는 전문분야에 대한 학술연구결과를 발표하기 위하여 개최되는 학술회의라든가 경제, 문화 등 상호 국가 간의 공동 관심사에 대한 협력증진을 도모키 위한 특정 회의를 비롯하여 관련업계 회원이나 공동이념을 추구하는 단체의 이해증진과 우의를 돈독히 하기 위한 친목회의 등 국제 간의 정기 또는 비정기 회의에 이르기까지 다양하다. 따라서 개최할 회의의 목적과 성격을 파악하고 동 회의가 어떤 이유로 이곳에서 개최되는지를 규명함으로써 이후 회의개최 준비계획을 수립하는 데 큰 도움을 주게 될 것이다. 무릇 회의를 개최함에 있어서는 회의 개최기구나 개최국의 대외 이미지를 부각시키는 데 초점을 둘 수도 있고, 관례 및 순번에 의하거나 종전 회의에 대한 답례로 개최하는 경우도 있으며, 정치적 이유나 지리적 특성으로 특정국가에서 개최하는 경우도 있다. 이와 같이 회의성격이나 개최취지에 따라서 회의개최 준비사항이 달라지므로 사전에 목표를 분명히 설정하고 회의개최 취지를 정확히 인지함으로써 회의주제 설정 등 해당회의의 적합한 준비계획을 수립할 수 있다.

2) 개최일자

개최 추진중인 회의의 과거 개최연혁을 참고하여 가능한 한 많은 인원이 참가할 수 있는 시기와 기간을 잠정적으로 결정, 본부측(Organizing Committee)과 협의 후 최종 결정한다.

대개 전례를 따르는 것이 좋으나 회의주제, 각종 회의 수, 행사내용과 참가자 구성원에 따라 개최일자를 조정할 수도 있다. 예를 들어, 학술회의의 경우 교직자, 학생, 관련연구원들의 많은 참여를 유도하기 위해 방학기간을 이용하거나 부인, 동반자의 참가가 많은 경우는 기후조건이 좋은 봄, 가을을 우선적으로 고려해 본다. 단, 연휴, 기념일 또는 대규모 스포츠 행사기간 등은 사전에 충분히 감안하여 개최일자를 정하는 것이 숙박, 관광, 쇼핑 등에 곤란을 초래하지 않을 것이다.

3) 지원기관검토

국제회의 개최에 앞서 이를 지원해 줄 수 있는 유관기관을 조사하여 필요한 행사 지원사항이나 준수사항 등을 사전에 협의함으로써 회의진행 중에 발생할지도 모를 제반 문제를 미연에 방지하여 회의를 원만히 개최할 수 있도록 한다.

(1) 컨벤션 뷰로(Convention Bureau)

각국 정부 또는 도시 산하의 기구로 운영되는 국제회의 유치 및 운영에 관한 자문 또는 지원전담기관으로 우리나라의 경우 한국관광공사 국제협력부가 이에 해당되는데, 국제회의 개최시 기술적인 모든 문제점에 대한 지원을 받는 것은 필수적이라 하겠다.

(2) 국제노선 항공사

모든 국제노선 취항 항공사는 국제회의에 많은 관심을 가지고 있으며, 각종 회의참석을 위한 여행일정의 수배 및 그 수송 등의 자문에 응할 수 있는 전문요원을 보유하고 있으므로 이들과의 상담은 많은 도움을 줄 것이다.

(3) 기업체

회의의 성격에 따라 기업체와 제휴를 가질 수도 있다. 이와 같은 제휴는 인력, 자금, 자재의 3가지 기본적인 사항과 관련되며, 이들 업체는 대회와 제휴함으로써 이익을 얻을 수 있는 경우 후원자로서 기꺼이 참여할 것이다.

(4) 각 시 · 도 관계기관

각 시 · 도 관련기관은 당해지역 관광관련업체에 대한 지도업무를 관장하고 있으므로 이들로부터 소관업무에 대한 지원을 받을 수 있다.

(5) 정부기관

정부 관광관계기관으로부터는 공항 통관, 숙박시설, 회의시설, 수송 등 사전점검 및 조정사항에 대한 지원을 받을 수 있다.

(6) 가입단체

준회원자격을 가진 정부나 기업체 또는 협회 등으로서 회의의 기획이나 운영상의 문제에 지원을 하게 된다. 목표를 명확히 설정하고, 안내와 지원을 제공해 줄 수 있는 모든 기관을 조사한 후 회의개최에 따른 상세한 연구검토가 결정된다.

4) 종전 회의경험 반영

회의개최준비에 앞서 종전의 활동상황에 대한 조사검토는 개최자에게 많은 도움을 주게 된다.

(1) 회의장

회의장을 선정하는 데 있어서는 종전에 회의가 어디에서 개최되어 왔는가 하는 회의장의 지리적 조건과 그 지역의 기후적인 특성을 검토하여 개최예정지에 대한 적합성 여부를 조사 · 분석하여야 한다.

(2) 참가인원

3~5회 정도 지난 대회의 참가자수를 조사하여 증감추세 및 제반여건을 고려함으로써 회의에 참가할 인원수를 추정할 수 있을 것이다.

(3) 국내회원 자문

국제기구 가입 국내회원들은 그간의 국제회의 참가경험이 풍부하므로 그들을 자문역으로 활용하게 되면 회의를 성공적으로 이끄는 데 크게 공헌할 것이다.

(4) 국제기구본부의 조언

지금까지의 회의에서 야기된 여러 가지 문제점에 많은 경험을 갖고 있는 국제기구본부의 조언은 기술적인 난제를 해결하는 데 필수적일 뿐 아니라 많은 유익한 정보를 제공해 줌으로써 대회를 성공적으로 마치는 데 크게 기여하게 된다.

5) 재정확보

회의개최에 있어서 재정확보는 필수불가결한 일로 개최지의 회원이나 이해당사자의 재정보조에 의하지 않고, 주관협회 휘하의 여러 기관으로부터 갹출한 자금으로 재정지원이 이루어지는 것이 통례이며, 별도 후원회에 의한 재정지원은 별개의 문제가 된다. 회의관계로 지출되는 비용은 크게 2가지로 구분되는데, 하나는 필수 기본비용이며, 다른 하나는 사례발생에 따라 선택적으로 지출되는 임의비용이다.

필수 기본비용은 참가등록비로 지불되는 경우와 회의참가 여부에 관계없이 해당기구 전회원의 모금으로 조성된 특별기금에 의해서 지불되는 경우가 있으며, 이외의 추가로 생기는 자금은 전시관의 운영이나 프로그램 등의 광고형태로 발생하기도 한다.

등록비를 선정하는 데는 어떤 사항을 포함시킬 것인가를 결정하는 일이 우선 문제가 되며, 그 기준을 2가지로 나눌 수 있는데 참가자의 등록비와 이들 동반자의 등록비이다. 물론 이와 같은 산정은 위원회 결정사항에 달린 것이며, 숙박호텔과의 대금지불에 관한 계약의무를 성실히 이행하기 위해 처음부터 아예 등록비에 숙박료와 식비를 포함시키는 경우도 있다.

어떤 행사이든 간에 항상 관계비용을 계산하여 참가예상 인원수로 나누어 개인당 부담액을 결정하게 되며 가끔 회의에서 쓰고 남은 잔액이 생기는 수도 있는데, 이와 같은 자금은 기본자금으로 통상 당해 회의 종료 후 다음 회의의 주최위원회에 제공되기도 한다.

유의해야 할 사항은 가능한 한 개최지의 관계회원이나 그 지역 주관협회, 기업체 등에 너무 많은 부담을 지워서는 안된다는 점이다.

* 필수비용 내역

① 프로그램 추진비
② 대회준비 비용
③ 연사료 및 초청비
④ 특수설비 및 용역비
⑤ 사무실 임대비 및 요원 인건비
⑥ 기록과 비품비
⑦ 프로그램, 초청장, 등록서 등 인쇄비
⑧ 회의개최 통지문 준비 및 우송비
⑨ 행사 후 의사록, 결과보고 등 인쇄배포비
⑩ 전시비
⑪ 뱃지 등 기타 특수양식, 기념품 제작비의 관심 환기로 많은 참석을 유도할 수 있는 주제를 선택한다.

* 임의비용 내역

① 프로그램 사이에 휴식기회를 제공하기 위해 마련된 여흥
② 연예, 오찬 또는 만찬, 커피 브레이크 등과 같은 사교행사
③ 개 · 폐회식 행사
④ 관광비
⑤ 예비비등

6) 요원확보

극히 소규모의 국제회의를 제외한 대부분의 회의에 있어 대회 개최 12개월 전부터 시작되는 기획초기단계에 회의 전담요원을 확보해야 하는데, 상호 별개의 업무를 맡고 있는 각 위원회별 전담요원을 확보하는 일이 중요하다. 통상 요원

확보에는 상당한 시일이 필요하며 규모가 큰 회의에서는 더욱 절실히 요청된다.

국제회의 전문용역업체(PCO)는 회의개최준비의 초기단계에서부터 사후처리까지의 전반적 또는 부분적인 행정업무와 실무를 담당해 주므로 이들의 전문성을 이용할 경우 인력과 시간을 절감할 수도 있다.

만약 예산상 제한을 받게 되거나 대안이 없을 경우에는 아주 열성적이며 헌신적인 지원자를 확보해야 한다. 각 위원회에 속해 있는 열성적인 지원자나 숙련된 요원들이 이와 같은 과업에 착수, 제반사항을 처리할 때에 만족한 결과를 얻을 수 있을 것이다.

7) 회의참가 홍보활동 강구

국제회의를 개최하는데 사전 준비사항으로 상술한 내용 외에 특히 중요한 사항은 각국 대표들이 보다 많이 회의에 참가할 수 있도록 적절한 방안을 사전에 강구하는 데 있다.

가급적 많은 인원을 참석케 하기 위해, 최소한 회의 개최 1년 전부터 국제노선 취항 항공사, 구제기구본부, 유관기업체, 본부호텔 등과 공동 홍보활동을 전개하는 것이 매우 효율적이며, 참가예상자 개인에게 직접 참가권유서신과 등록양식, 행사 프로그램들을 발송하는 방법 또한 큰 효과를 거둘 수 있다.

Chapter * 12

연회장 위생 및 시설관리

Chapter 12
연회장 위생 및 시설관리

제1절 연회장의 위생관리

1. 연회장 위생관리의 개념 및 필요성

1) 위생관리의 개요

연회장의 위생관리는 연회고객들이 시설을 이용하고 식음료를 섭취할 때 보다 안전하고 위생적으로 서비스하기 위한 데에 그 목적이 있다. 연회장비나 기물 및 기기를 비위생적으로 관리하여 식품에 세균이나 기타 인체에 위해한 물질이 함유되어 있다든지, 식품을 조리하는 조리사가 질병에 전염되어 있다면 과연 인체에 어떠한 영향을 미칠 것인가. 이것은 인간의 생명과 재산을 위협하는 중대한 결과로 나타날 것이다.

2) 위생관리의 필요성

연회장 시설이나 연회행사에 필요한 식품을 취급하는 일에 직접적으로 관계하는 종사자들은 위생관념을 철저하게 지켜야 한다. 특히 연회주방에서 종사하는 조리사들은 고객의 정신적 · 신체적인 안전을 위해서는 위생이 모든 것에 우선한다고 해도 지나친 표현은 아니다.

연회장 및 연회시설 위생관리의 범위는 호텔 연회업무뿐만 아니라 연회조리 업무 전반에 관한 위생관리라 하겠다. 특히 연회행사 음식이 만들어지는 관점에서 얼마나 위생적으로 식음료 상품을 고객에게 제공하였느냐 하는 것은 위생관리를 어떻게 했느냐에서 직접적으로 결과를 예측할 수 있다.

훌륭한 위생관리의 결과를 얻기 위해서는 연회장 시설이나 연회주방에서 이루어지는 모든 과정이 중요하다. 우선 연회주방에 종사하는 조리사 개개인은 신체적으로나 정신적으로 매우 건강해야 하고, 매사 투철한 위생관념과 동시에 위생준칙을 준수하는 자세가 습관화되어야 할 것이다.

또한 연회주방에 시설되어 있는 각종 장비와 기구 및 기물에 대한 운영환경의 정도는 안전하게 배치되어 있어야 하며, 위생적으로 관리되어야 한다. 반면에 연회주방 종사자와 시설물들이 위생적으로 관리되어진다해도 반입되는 식품을 검수, 조리하는 과정에서 비위생적으로 취급한다면 아무런 소용이 없을 것이다.

따라서 위생관리의 범위는 연회장 서비스종사자들과 연회주방 조리사들에 대한 개인위생과 연회장 및 연회주방시설 환경위생, 식음료 상품인 식품위생이라 할 수 있는데, 이러한 위생관리의 내용들 중 어느 한 부분이라도 소홀히 여겨서는 안 될 것이다.

위생관리의 제요소들이 다 갖추어졌을 때, 위생적으로 완벽하게 음식상품을 고객에게 제공할 수 있을 것이다. 이러한 제요소들이 완벽하게 갖추어지기 위해서는 다음과 같은 구체적인 위생관리의 내용을 준수해야 한다.

① 연회행사 서비스종사원 및 연회주방 조리종사원들의 채용과정에서 건강 유무를 철저히 확인하여 그 작업에 적성이 맞도록 적절하게 배치하여야 한다.

② 연회주방에 설치되어 있는 장비와 기물·기기 등의 취급방법과 보존방법 및 손질방법을 습득하도록 하는데 철저한 교육이 필요하다.

③ 연회행사에 필요한 식재료를 취급할 때는 어느 작업이든지 위생과 안

전에 대한 요구사항을 규정하고 설명해야 한다.

④ 모든 위생에 관련한 사항은 우선 순위를 두지 말고 똑같이 중요하게 지키도록 한다.

2. 연회장 위생관리의 목적

1) 위생관리의 목적

연회장이나 연회주방에서 지켜야 할 위생관리의 목적은 연회주방에서 다양하게 식용 가능한 식품을 취급하여 음식상품을 연회고객에게 직접 제공하는 과정에서 일어날 수 있는 식품위생상의 위해를 방지하고, 고객의 안전과 쾌적한 식생활공간을 보장하는 데 있다.

또한 연회장의 시설과 연회주방의 조리 종사자가 작업 중 발생할 수 있는 재해를 미연에 방지하여 효율적인 연회행사와 연회주방 운영이 이루어지도록 하는 데 있다.

그러므로 연회서비스 종사자들과 연회주방 조리종사자들은 연회행사장 및 연회주방에서 사용하고 있는 모든 장비와 기물 및 기기 등의 안전과 취급상의 준수사항을 철저히 지켜야 하며, 식품의 반입, 검수, 저장, 출고, 조리에 대한 사전 지식을 가지고 안전한 상품을 만들 수 있도록 해야 한다. 그러기 위해서는 종사자들은 정기적인 건강진단과 위생교육을 통해 안전하고 맛있는 음식을 공급하기 위해 노력하는 자세가 절대적으로 필요하다.

연회장 및 연회주방에서 행해지는 다양한 서비스와 조리과정은 결국 연회고객에 대한 위생상의 위해를 방지하여 안전성을 보장해야 하는 궁극적인 목적이 있는데, 그 내용을 구체적으로 살펴보면 다음과 같다.

* 종사원 측면에서

① 자신을 질병으로부터 보호하여 정신적 · 신체적으로 건강유지

② 쾌적한 연회행사장과 연회주방 공간을 확보하여 작업능률 향상
③ 서비스 종사자들과 조리종사원들의 작업재해를 미연에 방지

* 식재료 취급측면에서

① 음식취급과정에서 일어날 수 있는 각종 전염성을 방지(위생관념)
② 음식상품의 질적 가치를 향상(조리방법)
③ 식재료의 보존상태 기간을 연장(저장창고 관리)
④ 항상 신선한 식재료를 사용(시장구매 전략)
⑤ 원가절감의 원칙에 적용(원가절약)

* 시설관리 측면에서

① 종사원들의 안전사고 방지(안전관리)
② 장비 및 기물과 기기의 경제적 수명(Economic Life Cycle) 연장(시설관리)
③ 단위면적당 작업능률을 향상(수익성 향상)
④ 음식상품의 질적 가치 유지(신상품 개발)
⑤ 시설교체 시기점을 연장(대체기물 선정)

2) 위생관리의 대상

연회주방이나 메인주방에서 이루어지는 조리과정을 시간을 두고 코스별로 순서에 의해 만들어지는 경우도 있지만, 대부분 단시간 내에 다수인을 대상으로 많은 음식을 공급하기 때문에 조리작업자가 위생적 관념을 준수하지 않으면 매우 위험한 결과를 초래하기 쉽다.

그렇기 때문에 식재료와 조리종사자, 연회장 시설과 그 주변환경 그리고 기물과 기기 및 기구가 전반적으로 중요한 위생관리 대상이 된다. 특히 연회주방 위생의 관리과정에서 행해져야 하는 대상별 기준은 다음과 같다.

첫째, 식재료를 취급하여 연회행사 음식을 만드는 연회주방 조리사는 개

인적인 위생관리를 위해 정기적인 건강진단과 위생교육을 받도록 해야 한다.

둘째, 연회음식을 조리할 때 안전하고 위생적으로 사용할 수 있는 시설 및 설비를 확보함과 동시에 취급방법을 익혀야 한다.

셋째, 연회장 시설과 장비 및 식재료를 위생적으로 보관하고 취급해야 하며, 항상 신선한 식재료를 공급할 수 있도록 관리를 철저히 해야 한다.

제2절 연회장의 시설 및 기물관리

1. 연회장 시설관리

1) 시설물 안전관리

(1) 벽 관리

① 안내문이나 홍보용 용지를 임의로 부착하여 벽지의 파손을 가져오지 않도록 한다.
② 전시용 액자 혹은 장식물을 설치하기 위하여 문을 막아서는 안 된다.
③ 각종 장비류를 비치할 때는 벽과의 일정 간격을 유지한다.
④ 각종 장비의 이동시 모서리 부분이나 문을 특히 주의해서 이동한다.

(2) 바닥 관리

① 각종 장비류의 이동시 밀거나 끌고 다니지 않아야 한다.
② 각종 전시회 때 카펫 보호를 위해 비닐을 깐 후 작업을 해야 한다.
③ 카펫 위에서 목재 작업을 할 경우 꼭 카펫 보호용 천을 깐다.

(3) 천장 관리

① 긴 도구를 이용할 때는 사전에 측정을 한 후 사용해야 한다.

② 모든 작업을 진행할 때에는 사전에 지배인의 허락을 받아야 한다.

(4) 화재 예방

① 뷔페행사시 사용되는 알코올의 관리는 사전에 체크하여 소화기 및 석면포, 불연성 물질을 꼭 준비한다.

② 외부 비디오 촬영, 조명기기 설치, 전시회 등 전기를 쓰는 행사에는 반드시 전기과 직원 입회하에 규격제품을 쓰도록 한다.

③ 휴지 및 담배꽁초, 가연성 물질을 분리하여 처리하도록 한다.

④ 불을 이용하는 행사는 가급적 지양해야 하며, 꼭 사용이 필요할 때는 안전관리과 직원을 입회토록 한다.

(5) 개인안전 관리

- 장비운반 전에는 반드시 작업용 장갑을 착용한다.
- 장비의 이동시는 장비 안전수칙을 숙지한 후 시행한다.
- 무거운 장비를 들거나 이동시에는 사전 확인하여 무리하게 들지 않도록 한다.
- 연회행사시 준비할 수 있는 물건들을 안전하게 이동해야 한다.
- 현판을 달 때는 유압사다리 또는 철사다리 등이 안전한가를 사전에 체크한다.
- 행사 중 뛰어다니지 말아야 한다.
- Table, Platform 등은 항상 조심하여 손발이 다치지 않도록 한다.
- 장비운반시 장애물 등이 없는지 확인한 후 운반한다.
- Glass 및 Chinaware 류 등이 깨진 것을 다룰 때는 맨손으로 잡지 않도록 한다.

2. 연회장의 기물관리

은기물류는 고급 레스토랑이나 호텔 레스토랑에서 일반적으로 많이 사용하고 있으며, 원가가 대단히 비싼 편이다. 또한 관리하는 데도 상당한 주의가 요망

되는 기물류임과 동시에 은기물류는 항상 약품처리를 하기 때문에 마른 수건을 이용하여 물기가 없도록 닦아 광이 나게 한다.

1) 은기물류의 취급요령

- 사용된 은기물류는 닦기 쉽도록 쟁반을 사용하여 운반하고, 각 종류별로 구분하여 한 곳에 모은다.
- 모여진 은기물류는 식기세척기에서 세척액을 사용하여 뜨거운 물로 충분히 씻는다.
- 은기물류의 취급은 항상 손잡이를 잡고 한다.
- 뜨거운 물을 용기에 따라 준비한다.
- 포크의 경우 날의 안쪽 부분을 특히 주의해서 닦는다.
- 종류별로 구분된 기물을 왼손에 적당량을 잡고 핸드타월(Hand Towel)을 오른손에 잡아 용기가 있는 뜨거운 물을 사용하여 신속하고 깨끗하게 닦는다.
- 잘 닦여진 은기물류를 종류별로 가지런히 정리해 놓는다.

2) 은기물류의 취급시 유의점

- 무거운 쟁반을 운반할 때에는 왼손의 손목을 회전시켜 어깨위로 받쳐들며, 가슴을 펴고 운반하는 것이 일반적이다.
- 여러 종류의 은기물류를 닦을 때는 큰 기물부터 닦는다.
- 음식이 닿는 부분은 손으로 잡거나 만져서는 안 된다.
- 손잡이 부분을 모로 잡아 가능한 한 지문이나 손자국이 나지 않도록 해야 한다.

3) 도자기류 관리

도자기류는 운반과 취급시 깨지지 않도록 세심한 주의가 필요하며, 운반할 때는 기본적으로 2개, 3개, 4개를 개수별로 운반하는 방법과 한꺼번에 운반하는 방법이 있다. 특히 서브(Serve)할 때와 철거(Take Out)할 때가 매우 중요하며, 도자기류의 접시를 닦을 때와 운반할 때의 취급요령을 살펴보면 다음과 같다.

① 도자기 접시(Plate)를 닦는 법

도자기류의 접시는 스튜어드(Steward) 공간에서 디시워셔(Dish Washer) 기계나 종업원에 의해서 모든 접시나 도자기류가 닦여지나, 담당 종업원들은 사용 전에 접시를 작업대로 운반하여 놓고 순서에 의해서 확인해야 하며, 다 닦았을 때는 양손으로 마른 헝겊을 감싸쥐고 접시를 회전시키면서 빛이 나도록 닦는다. 또한 접시의 가운데 부분을 닦을 때는 왼손에 헝겊을 감싸서 접시를 들고 닦아야 되며, 먼저 앞부분을 닦고 난 뒤 뒷부분을 닦는 것이 원칙이다. 닦을 때는 소음이 나지 않도록 조심스럽게 다루어야 하며, 접시를 여러 장 포개놓을 때는 접시에 손이 닿지 않도록 주의하해야 한다.

② 깨끗한 빈 접시를 운반할 때

- 하나하나의 접시를 다룰 때에는 엄지손가락을 이용한다.
- 손가락이 접시의 안쪽으로 들어가서는 안 된다.
- 많은 양의 접시를 운반할 때에는 왼손에 암타월(Arm Towel)을 깔고 위에 접시를 올린 다음, 가볍게 왼쪽 허리춤에 기대어 오른손으로 받쳐들고 운반한다.

③ 음식이 담긴 접시를 운반할 때

- 뜨거운 접시는 암타월로 손을 보호하여 운반한다.
- 고객 앞에 내려놓을 때는 특히 조심해야 하며, 뜨겁다는 안내 말을 하여야 한다.

④ 접시를 철거할 때

- 먼저 잡은 접시를 왼쪽 엄지와 새끼손가락을 접시 위로 올리고 나머지 손가락으로 접시 밑을 바친다.
- 포크는 엄지손가락에 잡고 나이프는 포크 밑에 끼운다.
- 접시를 왼쪽 발목 부문에 올려놓고 나이프를 손에 든 접시에 나란히 끼우고 음식물을 포크로 접시 밑부분에 쓸어담는다.
- 그 다음 접시도 같은 요령으로 운반한다.

⑤ 주의사항

- 접시와 접시끼리 부딪치지 않도록 하여야 한다.
- 운반시 한꺼번에 많은 양을 취급하지 않도록 하여야 한다.

4) 글라스류 관리

① 서브 및 운반할 때

- 글라스는 깨지기 쉬우므로 상당한 주의를 필요로 한다.
- 글라스를 운반하는 방법에는 손으로 운반하는 방법, 트레이(Tray)로 운반하는 방법이 있는데, 어떠한 경우에라도 손가락이 유리컵 안으로 들어가서는 안 된다.

- 글라스를 잡을 때에는 항상 밑부분을 잡도록 하며, 손잡이가 달린 잔은 반드시 손잡이를 잡도록 한다.
- 손으로 운반할 때에는 손잡이 부분(Stem)을 손가락 사이에 끼워서 윗부분이 아래쪽으로 향하도록 한다.
- 트레이(Tray)로 운반할 때에는 항상 유리컵이 미끄러지지 않도록 냅킨을 깔고 그 위에 올려놓는다. 또한 한쪽으로 쏠리지 않도록 하며, 한꺼번에 많은 양을 운반할 때에는 글라스 랙(Glass Rack)을 사용하기도 한다.

② 글라스 닦는 법

- 글라스 랙(Glass Rack)을 사용해 식기세척기(Dish Washer)에서 세척한다.
- 용기에 뜨거운 물을 따로 준비한다.
- 세척된 글라스에 수증기를 쏘인다.
- 글라스 타월(Glass Towel)을 엄지손가락으로 잡은 다음 왼손바닥으로 유리컵 밑부분을 감싸준다.
- 오른손으로 한쪽 타월을 글라스 안쪽에 넣고 엄지손가락을 갖다대고, 나머지 손가락은 글라스 바깥 부분을 완전히 잡는다.
- 타월을 돌려가면서 글라스 안팎을 닦은 후 글라스 손잡이를 닦고 밑바닥을 닦는다.

- 수증기를 쏘여도 얼룩이 충분히 닦이지 않을 때에는 물에 담갔다가 닦는다.
- 글라스를 닦을 때에는 무리한 힘을 가하지 말아야 하며, 닦으면서 글라스가 깨어지지 않았는가를 확인한다.

5) 서비스 웨건 관리

모든 서비스 웨건은 고객 앞에서 직접 사용하므로 사용자와 웨건 간의 호흡이 잘 맞아야 한다. 특히 웨건은 이동하면서 서비스를 제공하는 '이동서비스 카트(Cart)'라는 점에 유의하여 사용하여야 하는데, 그러기 위해서는 다음과 같은 원칙을 가져야 한다.

- 웨건을 난폭하게 다룬다든지 또는 시선을 집중하지 않으면 안 된다.
- 카트(Cart)에 무리를 줄 수 있는 짐을 싣지 말아야 한다.
- 서빙 웨건(Serving Wagon)에 카빙(Carving)을 필요로 하는 음식은 상단에 싣고, 그 밖의 것은 중단에 실어 균형을 유지해야 한다.
- 서비스 웨건을 이동할 때는 앞에 장애물이 없는지 또는 고객의 신체에 접촉을 주지 않는지를 세심하게 살펴보면서 이동해야 한다.

6) 리넨류의 관리

리넨은 기본적으로 사용목적 이외에 사용해서는 안 된다. 특히 냅킨은 고객이 식사를 하는 도중에라든지 또는 식사 마무리 단계에서 입과 손을 닦는 데 사용하는 종류이기 때문에 특히 위생적으로 관리해야 한다.

- 리넨류도 도자기류를 취급하는 것과 마찬가지로 청결한 사용과 보관을 해야 한다.
- 테이블 규격에 맞는 클로스를 사용해야 한다.
- 사용목적 이외에 남용하지 않도록 하며, 또한 규격과 용도에 맞도록 사용해야 한다.

- 세탁된 리넨의 보관은 종류별로 구분하여 규정된 장소에 다음 사용이 편리하도록 먼지나 때가 묻지 않도록 보관한다.
- 린넨류에 음식물이나 기름의 얼룩이 생기지 않도록 하고 또는 녹이 묻지 않도록 하여야 한다.
- 흠집, 얼룩 또는 찢어진 린넨은 사용해서는 안 된다.
- 사용이 끝난 린넨은 반드시 린넨 카트(Cart)로 수거한다.

연회장 위생관리의 목적은 연회주방에서 다양한 식용 가능한 식품을 취급하여 음식상품을 연회고객에게 직접 제공하는 과정에서 일어날 수 있는 식품위생상의 위해를 방지하고, 고객의 안전과 쾌적한 식생활 공간을 보장하는 데 있다.

그러므로 연회서비스 종사자들과 연회주방 조리종사자들은 연회행사장 및 연회주방에서 사용하고 있는 모든 장비와 기물 및 기기 등을 위생적으로 다루고 관리하여야 하며, 안전과 취급상의 준수사항을 철저히 지켜야 한다. 또한 식용 가능한 식품의 반입, 검수, 저장, 출고, 조리에 대한 사전 지식을 가지고 안전한 상품을 만들 수 있도록 해야 한다. 그러기 위해서는 종사자들은 정기적인 건강진단과 위생교육을 통해 안전하고 맛있는 음식을 공급하기 위해 노력하는 자세가 절대적으로 필요하다.

최병호

- 세종대학교 대학원 호텔관광경영학과 경영학박사
- 특1급 호텔 23년 근무(신라호텔, 롯데호텔)
- (현) 신한대학교 글로벌관광경영학과 교수
  대한민국 명장심사 위원(식음료서비스 부문)
  (사)한국외식산업학회 부회장
  한국대학식음료교육 교수협회 회장
  조주기능사 자격시험 심사위원(실기, 필기)

저서

호텔경영의 이해 / 호텔체험 가이드 / 호텔 · 외식 식음료 실무론
호텔 · 외식 음료경영 실무론 / 호텔 · 외식 용어해설 / 최신 와인 · 소믈리에 이해

논문

호텔레스토랑에서 멤버쉽 유형에 따른 관계효익이 고객만족과 고객의 자발적 행위에 미치는 영향 연구 /
호텔 식음료 업장의 고객 관계 혜택의 중요도와 지각에 관한 연구 /
와인 수입량의 결정요인 분석에 관한 연구 /
호텔교육훈련특성이 교육훈련전이성과에 미치는 영향 연구

설경진

- 경기대학교 대학원 관광학박사
- 웨스틴조선호텔 외식사업부 근무
- (주)호텔롯데 CRM 프로젝트 기획 및 구축
- (주)호텔롯데 식음료/연회 케이터링 근무
- 현) (주)호텔롯데 마케팅팀 근무

저서

호텔경영정보시스템 실무 / 호텔기업의 CRM프로젝트 실무

논문

호텔조직의 창의성이 종사자의 창의적행도에 미치는 영향 연구 / 관광호텔 식당경영의 효율성 제고에 관한 연구 /
호텔 레스토랑의 Renovation에 관한 연구 / 호텔레스토랑 경영효율성에 관한 연구 /
관광호텔 이태리식당의 경영합리화 방안에 관한 연구

이현재

- 세종대학교 대학원 호텔관광경영학과 경영학박사
- 특1급 롯데호텔 외 15년 근무
- (현) 대덕대학 호텔 · 외식과 교수
- (사) 한국외식경영학회 이사
  호텔스파피아 자문위원

저서

호텔체험가이드(백산출판사, 2005)

논문

컨벤션결정속성이 참가자 만족에 미치는 영향 / 호텔이용객의 기대와 성과, 불일치가 만족에 미치는 영향 /
와인소비자의 음용특성 · 선택속성이 고객반응에 미치는 영향에 관한 연구 외 다수

저자와의
합의하에
인지첩부
생략

호텔·외식 연회컨벤션 실무

2009년 2월 28일 초　판 1쇄 발행
2020년 2월 10일 수정판 5쇄 발행

지은이 최병호·설경진·이현재
펴낸이 진욱상
펴낸곳 백산출판사
교　정 편집부
본문디자인 편집부
표지디자인 편집부

등　록 1974년 1월 9일 제406-1974-000001호
주　소 경기도 파주시 회동길 370(백산빌딩 3층)
전　화 02-914-1621(代)
팩　스 031-955-9911
이메일 edit@ibaeksan.kr
홈페이지 www.ibaeksan.kr

ISBN 978-89-6183-145-1　93590
값 23,000원